Kohlhammer

Der Autor

Dr. Emil Kowalski (*1937), Schweizer Physiker, Tätigkeit in leitenden Positionen von Unternehmen der elektromechanischen Industrie, der Elektrizitätswirtschaft und der nuklearen Entsorgung. Mitwirkung in fachlichen und gesellschaftspolitischen Gremien, u. a. im Lenkungsausschuss TA-SWISS – Technology Assessment. Mehrere fachliche und gesellschaftskritische Buchpublikationen, viele Kurzessays.

Emil Kowalski

Pathologie des Wohlstands

Bewährungsprobe der liberalen Demokratie

Verlag W. Kohlhammer

1. Auflage 2023

Gesamtherstellung: W. Kohlhammer GmbH, Stuttgart

Print:
ISBN 978-3-17-043444-8

E-Book-Formate:
pdf: ISBN 978-3-17-043445-5
epub: ISBN 978-3-17-043446-2

Für Hedi K.

Inhalt

Vorwort

Das Neue an jedem ›Anti‹ erschöpft sich in einer leeren Gebärde der Verneinung, und sein positiver Gehalt ist nur – eine Antiquität.
José Ortega y Gasset, Der Aufstand der Massen.

Wollten Chinesen im Ming-Reich unliebsame Menschen verfluchen, so wünschten sie ihnen angeblich »Möget ihr in interessanten Zeiten leben«. Ob diese Anekdote wahr oder apokryph ist, jedenfalls kontrastiert sie mit Goethes Ansicht, nichts sei schwerer zu ertragen als »eine Reihe von schönen Tagen«. Da irrte der Geheimrat, schöne Tage sind leichter zu ertragen als eine Reihe interessanter Katastrophen.

Nach Jahrzehnten alles in allem ruhiger und schöner Nachkriegszeit der laufend steigenden Prosperität, unterbrochen nur durch kurze Aufregungen unserer sensationslüsternen Medien, sind wir in eine interessante Zeit mehrfacher Krisen geraten. Die als sicher geglaubten Grundlagen unseres Wohlergehens erweisen sich plötzlich als fragil. Unversehens müssen wir um unsere Energieversorgung Angst haben, der coronabedingte Zusammenbruch der Lieferketten gefährdet die Bereitstellung der wichtigsten Güter des täglichen Bedarfs, kriegerische Verwicklungen, die lange weit weg von den Oasen unserer friedlichen Existenz wüteten, erreichten mit der Ukraine den Rand von Europa. Das politische Leben unserer liberalen Demokratien wird zunehmend ›interessanter‹.

Leben wir in einer Zeitenwende, wie gerne proklamiert wird, oder ist dieses bedeutungsschwangere Wort zu viel für die Aufregungen der Gegenwart? Wenn nicht alles täuscht, befinden wir uns jedenfalls in einer Periode außerordentlich schwerer Herausforderung der liberalen Demokratie. Unsere Staatsordnung wird einer Bewährungsprobe unterzogen, vergleichbar mit dem Marxismus der ersten Hälfte des 20. Jahrhunderts. Nur diesmal kaschiert mit einem lieblich grünen Mäntelchen. Die Frage werden erst die Historiker der nächsten Generation schlüssig beantworten können – wir Heutigen können nur unsere Irrtümer auflisten und versuchen, unsere Erwartungen an die Zukunft zu formulieren. Werden wir uns der Herausforderung stellen, finden wir realistische Lösungen für die angehäuften Probleme unserer Zeit?

Die herrschende Krise ist nicht nur durch handfeste technische, wirtschaftliche und ökologische Probleme bedingt, sie trägt die Züge eines ideologisch-religiösen Konflikts. Auf der einen Seite steht das Anliegen der Wahrung des liberal-demokratischen Menschenrechts auf das individuelle Streben nach Glück und Wohlbefinden, das Ur-Anliegen unserer demokratischen Wohlstandsgesellschaft. Der Anspruch soll trotz Klimakrise durch die Mittel einer ökologisch ›mutierten‹ Technologie und Wirtschaft ermöglicht werden, ohne schmerzhafte Einbußen am erreichten Lebensstandard. Auf der anderen Seite haben wir eine Denkweise, welche die vorliegenden Probleme dem herrschenden Wirtschaftssystem des sozial-demokratisch eingehegten Kapitalismus und seinen energieintensiven Technologien anlastet. Diese Denkweise sucht ihre Lösung im Ideal des Menschen als Beschützer einer romantisch überhöhten Natur und Tierwelt und ist zur Erreichung dieser Ziele auch zu dirigistischen Maßnahmen und zu obrigkeitlichen Vorgaben des zulässigen Glücks und Wohlbefindens bereit – in diametraler Abkehr vom demokratisch verbrieften Recht auf das *pursuit of happiness*. Pragmatik stößt auf Ideologie.

Europa ist immer dann gut gefahren, wenn es sich auf die *mesotes* des Aristoteles besonnen hat, auf die goldene Mitte, auf einen tragfähigen Kompromiss. Weder der extreme Raubtier-Kapitalismus noch ein totalitärer Kommunismus führten zu einem politisch akzeptablen und wirtschaftlich leistungsfähigen System, sondern die Wandlung des Kapitalismus zur sozialen Marktwirtschaft der liberalen Demokratie, mit besserer Berücksichtigung des Postulats der Gleichheit. Es ist klar, dass weder ein kompromissloser Naturidealismus der radikalen Anbeter der Photovoltaik noch die extreme Technologiehörigkeit der Befürworter der Kernkraft zum Ziel führen werden, sondern nur ein Ausgleich der beiden. Ist eine aristotelische Mitte erreichbar?

Wir haben es heute mit einem genuinen *clash of cultures* zu tun, und solche sind nicht durch symmetrische Kompromisse zu lösen. Auch wenn sich die Seiten annähern, bleibt stets eine der beiden führend. 1991 siegte die liberale Demokratie – der real existierende Sozialismus hat abgedankt, und Herr Fukuyama konnte vom ›Ende der Geschichte‹ träumen. In diesem Essay versuche ich den Gründen nachzugehen, warum wir auch diesmal der liberalen Demokratie, der freien Marktwirtschaft und einer primär technologischen Lösung Vorrang einräumen müssen. Die manifesten Kulturunterschiede der beiden Seiten sind der Grund, warum es bisher zu keinem sinnvollen und damit auch strategisch wirksamen Kompromiss gekommen ist. Die langen Zeitkonstanten einer kulturellen Änderung machen dies zwar verständlich, aber die Zeit drängt – die heute schon schmerzhaft spürbaren meteorologischen Auswirkungen der Klimaänderung warten nicht und erfordern zügiges Handeln. Bisher hat sich primär die bürgerliche Mitte der Gesellschaft bewegt, zum Teil weit über das Zweckmäßige hinaus, die ideologisch erstarrte grüne Linke wird bald nachziehen müssen.

Statt des heute herrschenden Mangels an grundlastfähigen karbonfreien Energien werden wir für eine wahre Überschwemmung mit erschwinglicher, rund um die Uhr verfügbarer sauberer Elektrizität sorgen müssen, damit der Umbau der Wirtschaft und Industrie auf ökologisch unbedenkliche Alternativen in der notwendig kurzen Zeit gelingt. Neben der Lösung und Beherrschung aller anderen Krisen unserer ›interessanter‹ Gegenwart, wohlgemerkt.

In der Auseinandersetzung mit der Problematik versuchte ich auf Zahlen zu verzichten, und mich stattdessen auf eine grundsätzliche, qualitative Argumentation zu stützen. Es gibt genügend Literatur, voll von wichtigen Diagrammen und Tabellen über die zahlenmäßige Seite des Problems. Zahlen spielen aber bei weltanschaulichen Fragen selten eine Rolle – man glaubt bekanntlich nur den Statistiken, die man selbst gefälscht hat. Ich bekenne, dass ich als Physiker überrascht war, wie weit man mit einigen wenigen quantitativen Angaben kommt.

Bei jeder Analyse global-historischer Probleme darf man nicht vergessen, dass man stets den Kenntnisstand, die Perspektive der Gegenwart hat und dementsprechend betroffen reagiert. Jede Generation ist bei ihrer Geburt in eine gefühlt ›fertige Welt‹ getreten, einem Kind ist die Vorstellung einer Entwicklung noch nicht zugänglich. In unserer Wohlstandsgesellschaft empfinden die allermeisten Kinder die vorgefundene Welt als gut, als angenehm, jedenfalls als einfach gegeben. Erst mit der Adoleszenz sieht man plötzlich die Fehler und Probleme der Gesellschaft und entwickelt einen Heißhunger, den unerträglichen Zustand zu verbessern – das ist der ewige Kampf der Generationen. Man kämpft für eine bessere Welt – und realisiert nicht, dass diese neue Welt in den Augen der nächsten Generation wieder zur alten Welt der ewig gleichen, ewig neuen Unvollkommenheiten wird. Es ist angeblich das Vorrecht der Alten, weise zu sein in dem Sinne, dass sie diesen Kreislauf durchschauen. Dass sie zur klassischen Erkenntnis des *panta rhei* kommen, des ewigen Flusses der Zeit, und zur Einsicht, dass ein jedes Paradies nur ein Paradies der mannigfachen Unvollkommenheiten sein kann.

Wenn nicht alles täuscht, steht unsere Gesellschaft nicht nur vor den üblichen Problemen eines Kampfes Neu gegen Alt. Wir müssen vielmehr eine bestehende Zivilisation, das Ergebnis einer über zweihundertjährigen Entwicklung auf eine neue, CO_2-freie Basis stellen – es geht um die Neuerfindung unserer Zivilisation in einer umweltgerechten Version. Und das innerhalb einer einzigen Generation. Das ist ein Einschnitt, der die Bezeichnung ›Paradigmenwechsel‹ wirklich verdient. Dabei gilt es, nicht in die Aufregung eines besserwisserischen Aktivismus zu verfallen, sondern die Gelassenheit derjenigen zu behalten, die nicht nur laut aufbegehren, sondern die Probleme unaufgeregt angehen und lösen wollen. Dieses Büchlein soll dazu ein wenig beitragen.

* * *

Das vorliegende Essay baut auf meinen früheren Veröffentlichungen auf, in denen ich dem Missverhältnis zwischen dem begrenzten Wissen des Menschen als Teilnehmer der technisch-industriellen Zivilisation und der Fülle der Artefakte und organisatorischer Strukturen nachgegangen bin, mit welchen ihn seine Zivilisation ausstatten kann – ohne dass er die magische Welt hinter den Drucktasten und anderen Bedienungselementen seiner Apparate und den Mechanismen des heutigen Wohlfahrtsstaates verstehen muss und kann. Den Anstoß dazu gab ein Satz im Karel Čapeks Roman *Krieg mit den Molchen*,[1] den ich einem frühen Essay[2] über die Drucktastenzivilisation als Motto vorangestellt habe:

> »Und ist die Zivilisation etwas anderes als die Fähigkeit, Dinge zu gebrauchen, die sich andere ausgedacht haben?«

Das Thema verfolgte mich, ich habe es fünfzig Jahre später wieder in Buchform aufgegriffen,[3] als die Entwicklung der Digitaltechnik die Drucktaste durch den Touchscreen ersetzt hat und die Welt dahinter noch unverständlicher und magischer geworden ist. Die sozusagen systemische Ignoranz der technischen Grundlagen der Zivilisation und der staatspolitischen Maximen der liberalen Demokratie trägt zu vielen unserer heutigen Probleme bei. Weil ich nicht voraussetzen darf, dass die Leser und Leserinnen die früheren Texte zur Hand haben, werde ich wo nötig kurz zitieren.

* * *

Anzufügen sind noch einige redaktionelle Hinweise. Um die Lesbarkeit des Textes nicht über Gebühr zu beeinträchtigen, benutze

1 Čapek, Karel: *Krieg mit den Molchen*. Hamburg 1964, S. 168 (Orig. tschech. *Válka s mloky*. Praha 1936).

2 Kowalski, Emil: *Die Magie der Drucktaste. Von den unkontrollierten Einflüssen auf unser Leben*. Wien und Düsseldorf 1975, S. 9.

3 Kowalski, Emil: *Dummheit. Eine Erfolgsgeschichte*. Stuttgart 2017, 2. Auflage Berlin 2022.

ich das gewohnte grammatikalische Geschlecht im generischen Maskulinum, es sei denn, dass dies zu Missverständnissen führen würde oder aus Höflichkeit den Leserinnen und Lesern gegenüber – dann nenne ich beide Genera.

Bemerkungen und Literaturzitate werden als Fußnoten am Seitenende angefügt. Das erspart das lästige Vorwärts- und Rückwärtsblättern beim flüssigen Lesen. Seitenangaben zu den zitierten Werken erfolgen im Text in Klammern, wo kein Missverständnis möglich ist ohne die Wiederholung des Namens des Autors. Meine Freunde und Kritiker lächeln über meinen exzessiven Gebrauch der Fußnoten, das sei eine schlechte Angewohnheit oder gar Manie, und wenn es so weiter gehe, werde ich irgendwann bei einem Essay aus lauter Fußnoten, ganz ohne Text landen ... Ich bitte um Nachsicht, die vielen Bemerkungen dienen der Vertiefung der im Text behandelten Zusammenhänge, und können bei schnellem Lesen problemlos übersprungen werden. Wünscht die kritische Leserin, der sprichwörtlich geneigte Leser aber doch etwas mehr Information, so muss der Blick nur zum Seitenende wandern, und man muss nicht bis zu dem Buchende umblättern.

Die Autoren der zitierten Veröffentlichungen und einige wenige Angaben zu Organisationen und Begriffen sind im Register aufgelistet.

* * *

Dem Verlag Kohlhammer bin ich für die Veröffentlichung meines Essays in gewohnt ansprechender Ausstattung zu Dank verpflichtet. Insbesondere Herren Dr. Peter Kritzinger und Dr. Julius Alves haben sich um das Werk verdient gemacht.

Als Autor durfte ich von vielen Gesprächen mit Freunden und ehemaligen Kollegen profitieren. Zum besonderen Dank bin ich Dr. Conrad Stockar verpflichtet, der das Manuskript kritisch durchgesehen, mit vielen Bemerkungen und – in seiner humorvollen Art – mit ›Imprimatur‹ versehen hat. Ebenso dankbar bin ich Herrn Dr. Ignaz Miller, der während rund 15 Jahren meine feuilletonistische

Arbeit begleitete, für seine Kommentare und Anregungen. Allfällige Ungenauigkeiten und Fehler im Essay hat selbstverständlich wie stets der Autor allein zu verantworten.

Und *last but not least* schulde ich einen herzlichen Dank meiner Partnerin, Hedi K. Ernst, die meine geistigen Abwesenheiten während der Arbeit am Manuskript stoisch ertragen hat.

Emil Kowalski, Dezember 2022

1

Demut und Zögern

Was eine Zeit als böse empfindet, ist gewöhnlich ein unzeitgemäßer Nachschlag dessen, was ehemals als gut empfunden wurde – der Atavismus eines älteren Ideals.
Friedrich Nietzsche, Jenseits von Gut und Böse.

In einem analytischen Portrait von Konrad Adenauer charakterisiert Henry Kissinger die Politik des ersten Nachkriegskanzlers der Bundesrepublik Deutschland als eine »Strategie der Demut«.[4] Adenauer hatte die undankbare Aufgabe übernommen, das, was vom

4 Kissinger, Henry: *Staatskunst. Sechs Lektionen für das 21. Jahrhundert.* München 2022 (Orig. engl. *Leadership. Six Studies in World Strategy.* New York 2022).

Deutschen Reich nach der bedingungslosen Kapitulation 1945 übrig geblieben war, auf den Weg eines demokratischen Neubeginns zu führen.

Das zerbombte, geschlagene und zwischen vier nur bedingt konvergierenden Besatzungsmächten zerteilte Land befand sich inmitten einer existenziellen wirtschaftlichen und moralischen Krise. Adenauer realisierte, dass die Probleme weniger wirtschaftlich und finanziell als vielmehr politisch und ethisch waren – nur in der vorbehaltslosen Anerkennung deutscher Schuld an den Gräueln des Hitlerregimes und in konstruktiver Zusammenarbeit mit den Alliierten war ein Neubeginn möglich. Nur so konnte Deutschland das notwendige Vertrauen der Besatzungsmächte erringen und eine konstruktive Zusammenarbeit aufbauen. Ein jedes Kleinreden des Versagens der Weimarer Republik, ein jeder nationalistisch motivierter Hinweis auf den Kampf demokratischer Kräfte im Untergrund gegen den Hitlerismus hätte wie eine Anmaßung gewirkt. Die übergroße Schuld konnte nur durch materielle und politische Akte der Wiedergutmachung abgebüßt werden, die maßlosen Negativa der Hitlerära durften und sollten mit keinem historischen Verdienst der deutschen Nation verrechnet werden.

Der Strategie war Erfolg beschieden. Begünstigt durch die aufkeimende Gegnerschaft zwischen der Sowjetunion und den drei westlichen Alliierten entstand formell bereits 1949, vier Jahre nach der bedingungslosen Kapitulation des Deutschen Reiches, aus den drei westlichen Besatzungszonen die neue Bundesrepublik. Statt einer demütigenden Neuauflage der Versailler Verträge[5] des Ersten Weltkriegs kam es diesmal zum Marshall-Plan, zum Schuman-Plan der Montanunion, zum wirtschaftlichen Nachkriegsaufschwung. Gegenseitiges Vertrauen wurde aufgebaut, eine demokratische Zukunft konnte beginnen ...

* * *

5 Eine erfrischend unorthodoxe Sicht auf die Versailler Verträge und ihren Beitrag zum Ausbruch des Zweiten Weltkriegs bietet Ignaz Miller in *1918 – der Weg zum Frieden*. Basel 2019.

An den Topos der ›Strategie der Demut‹ wird man unwillkürlich erinnert, wenn man die heutige Situation der liberalen Demokratie abendländischer Prägung betrachtet. Statt das Selbstbewusstsein eines erfolgreichen gesellschaftlichen Systems erleben wir eine in diesem Ausmaß überraschende Bereitschaft zu Selbstanklage. Das Klima leidet – als Erstes suchen wir die Schuld in den ›überbordenden Wohlstandsansprüchen‹ unserer Gesellschaft. Die Armut in der Dritten Welt nimmt gemäß Medien zu – der Westen hat ›zu wenig Entwicklungshilfe‹ geleistet. Afrikas Entwicklungsländer stöhnen unter korrupten Regierungen – das müssen ›Spätfolgen des westlichen Kolonialismus‹ sein. Das Narrativ der Kritiker des als sozial ungerecht empfundenen freien Marktes, der wirtschaftlichen Basis der liberalen Demokratie, beherrscht die mediale Präsenz. Unser erfolgreiches gesellschaftliches System wird nicht an seinem Beitrag zum Wohl der Welt gemessen, sondern an den Kollateralschäden, die es verursacht. Eine Saldierung der Positiva gegenüber den Negativa wird nicht vorgenommen. Ja, bereits der Versuch einer solchen Saldierung wird als schönfärberisch und mithin unethisch abgekanzelt. Unsere Gegenwart ist süchtig nach übertriebener Selbstkritik, nach kontraproduktiven Schuldbekenntnissen, nach Schuldstolz und Akten der Reue. Wir haben die Bereitschaft, die Schuld für alles und jedes bei uns zu suchen, bereits verinnerlicht. Das ist bedenklich, reumütige Sünder mögen zwar prachtvolle Kathedralen der Ablasswirtschaft errichten, aber keine Hochschulen, Montagehallen und Kraftwerke, die man zur Sicherung und Mehrung des erreichten Wohlstands benötigt. Die Schuldmoral paralysiert eine zielgerichtete Politik – und hilft weder uns noch der Welt als Ganzes.

Heinrich A. Winkler fasst an einer Stelle seiner *Geschichte des Westens* die strategischen Erfolgspositionen der westlichen Kultur zu Beginn der Neuzeit prägnant zusammen:[6]

6 Winkler, Heinrich August: *Geschichte des Westens. Von den Anfängen in der Antike bis zum 20. Jahrhundert*. München 2015, S. 93.

> »Nur im Westen hatte sich in einem langen Prozess jenes Klima des bohrenden Fragens entwickelt, das im wörtlichen wie im übertragenen Sinn den Aufbruch zu neuen Ufern erlaubte. Nur im Westen hatte sich eine Tradition christlicher Selbstaufklärung herausgeformt, die von der Kirche aufs schärfste bekämpft wurde, aber nicht ausgerottet werden konnte. Nur im Westen war durch die Trennung erst von geistlicher und weltlicher, dann von fürstlicher und ständischer Gewalt der Grund gelegt worden für das, was wir Pluralismus und Zivilgesellschaft nennen. Nur im Westen gab es den Rationalisierungsschub, der von der Rezeption des römischen Rechts ausging. Nur im Westen entstand ein städtisches Bürgertum, das wagemutige Kaufleute und Unternehmer in großer Zahl hervorbrachte. Nur im Westen konnte sich der Geist des Individualismus entfalten, der eine Bedingung allen weiteren Fortschritts war.«

Es ist eine wahre Apotheose der Strategie, die hinter dem Erfolg des Westens stand – und eine durchaus verdiente. Es war diese selbstbewusste *Strategie des Aufbruchs*, welche der westlichen Kultur ihre Blüte brachte, die ganze übrige Welt beeinflusste und schließlich zum globalen Fortschritt führte. Dass Professor Winkler die verursachten Kollateralschäden nicht im gleichen Atemzug nennt oder sogar übergewichtet, wie es die *political correctness* heute vorschreibt, das hat ihm allerdings eine geharnischte Kritik akademischer Kreise und politischer Aktivisten eingebracht. Die Sippenhaftung der Vorzeit wurde in der Postmoderne durch Kulturhaftung abgelöst, die Erbsünde der Religion lebt als die kollektive Sünde der abendländischen Kultur fort.

Heute erleben wir eine Neuauflage der Strategie der Demut durch die Regierungen und die Intellektuellen unserer westlichen Länder, in einem diametral unterschiedlichen geschichtlichen Umfeld als 1949 bei Konrad Adenauer. Die technische und politische Entwicklung des Abendlandes hat zu einem historisch einmaligen Wohlstand geführt. Sie vermochte dabei die Widersprüche nicht zu lösen, welche dem Konzept der liberalen Demokratie inhärent sind – vor allem den nicht aufzulösenden Konflikt zwischen den Geboten der Gleichheit und der individuellen Freiheit. Statt aber auf das Erreichte stolz zu sein, statt nach weiteren Verbesserungen zu suchen und die Aporie der Gleichheit gegen Freiheit zu akzeptieren und zu lernen, mit ihr zu leben, suchen wir heute den gordischen Knoten mit dem Schwert einer selbstzerstörerischen Moral zu zerhauen. Bestehende Unvollkommenheiten werden übergewichtet, Störendes wird nicht am sozialen und wirtschaftlichen Fortschritt gemessen, sondern an utopischen Vorstellungen über das wünschbar Gerechte. Das Verhalten der Gesellschaft, das im Kontext einer längst vergangenen Zeit als angemessen erachtet wurde, wird unter den heutigen Bedingungen als ›überzeitlich verwerflich‹ gebrandmarkt.

Sollte der Westen und seine liberale Demokratie nicht primär an allem Positiven gemessen werden, was sie der Welt gebracht haben? Sind die zeitbedingten Fehler des Westens mit den Gräueln eines tyrannischen Regimes zu vergleichen, zu deren Abbüßen Henry Kissinger die Strategie der Demut des betagten Adenauers als angemessen empfohlen hat? Ist das ›Versagen‹ des Westens so übergroß? Und ist es ausgerechnet dem heutigen gesellschaftlichen System der gereiften liberalen Demokratie anzulasten, welches die Kraft bewiesen hat, die Fehler der historischen Vergangenheit zu tilgen? Dem einzigen politischen System der Welt, das ein hohes Maß an Freiheit, Wohlstand und Stabilität zu erreichen erlaubte? Demokratisch kaum legitimierte Interessengruppen und Kräfte treiben heute das System an seine Grenzen. Und was machen wir und unsere Intellektuellen? Wir überlassen die Deutungshoheit den Gegnern der liberalen Demokratie – sie beherrschen die Themen, über die gestritten wird. Wir suchen ihren Beanstandungen recht zu geben, auch den überzogenen Kritiken möglichst zuvorzukommen, mit einem Wort, wir pflegen eine Art ›vorauseilenden Gehorsam‹ – eine in dieser Form nicht angebrachte Strategie der Demut, bestenfalls eine Strategie des demütigen Zögerns, der feigen Unentschlossenheit. Wir akzeptieren die Kritik unwidersprochen und voll, zu entschiedener Widerrede unwillig, ja unfähig. Es ist ein Spiel mit Feuer, wir stellen die Demokratie leichtfertig in Frage. Im Ergebnis herrscht ein tolerantes Verständnis für intolerant agierende Kräfte, für machtpolitische Taktik der Kreise, die in Verfolgung ihrer politischen Agenda die Demokratie bewusst oder unbewusst untergraben.

Und für bisweilen skurrile Auswüchse der *political correctness*. Ursprünglich zur Bezeichnung der Absicht gedacht, Begriffe und Handlungen zu vermeiden, die andere herabsetzen oder kränken könnten, degenerierte *political correctness* zum Kampfbegriff der linken Szene, um ihr nicht genehme Meinungen als moralisch fragwürdig abzustempeln. Die Meinungsfreiheit wird nicht im Sinne einer offenen Diskussion gepflegt, sondern entsprechend der jeweiligen gruppenspezifischen Gesinnung eingeschränkt – bist Du nicht in unserem Sinne *woke*, so bist Du nicht unser Diskussionspartner, sondern unser Gegner, Feind, ein Bösewicht, der seine kulturelle und soziale Existenz verwirkt hat. Die Übertreibungen links werden durch Überreaktion rechts der Mitte beantwortet, die rückwärtsgewandten Provokationen der rechten Extremisten führen zu weiteren Eskalationen. Die Gesellschaft wird polarisiert, die angestrebte Diversität wird zu Intoleranz, die ›richtige‹ Moral wird von jeder Minorität für sich beansprucht. Abweichendes Denken ist moralisch unstatthaft. Es gibt keine Konkurrenten und Partner einer bereichernden Diskussion, es gibt nur böswillige Widersacher, die es mundtot zu machen gilt.

Selbstredend hat in einer liberalen Demokratie eine jede Minorität Anspruch auf Berücksichtigung in der Auseinandersetzung um politische Entscheide. Die Meinungsvielfalt ist erwünscht und eine unverzichtbare Voraussetzung der gesellschaftlichen Entwicklung und des Fortschritts. Diese Maxime konkurriert heute aber mit der Gefahr, dass laute Minderheiten ihre partikulären Ansichten der Mehrheit aufzwingen – mit dem perfiden Mittel des ›Marketing des schlechten Gewissens‹.

Und wir, die demokratische Mehrheit, der Mainstream, wir lassen uns oft das schlechte Gewissen der ökologischen Sünder oder der starrköpfigen Technokraten, der Klimakiller oder der Gleichgültigen einreden, und geben den am lautesten agierenden Kreisen immer mehr nach. Die Politik wird moralisiert, die Moral politisiert, die demokratische Auseinandersetzung ausgehebelt. Dies lähmt die Fähigkeit der Gesellschaft, die Herausforderungen der Zukunft anzugehen.

* * *

Dabei kann und muss die Geschichte des Abendlandes als eine Geschichte des Fortschritts geschrieben werden – auch des moralischen Fortschritts. Ergänzen wir die Aufzählung von Professor Winkler: Es war Europas Westen, in dem sich der Humanismus der Renaissance entwickeln konnte, die Reformation und die Aufklärung. Der Westen schenkte der Welt den Buchdruck, der zu moderner Wissensgesellschaft führte. Der Westen war fähig, Ideen aus anderen Kulturen aufzunehmen, wie eben den Buchdruck mit beweglichen Buchstaben aus Korea und China, aber es war erst der Westen, der sie zur Reife brachte und ihre breite Nutzung ermöglichte. Im Westen entstand mit Newtons Differentialrechnung dasjenige Werkzeug, welches das moderne Verständnis der Physik als quantitative Wissenschaft der Dynamik einleitete – seitdem sind mathematisch beherrschbare Abstraktionen der komplexen Wirklichkeit der Naturkräfte möglich. Es war der westliche Genius, der zur Quantenphysik und zur Relativitätstheorie führte,[7] ohne die keine Digitalisierung und keine Photovoltaik, kein satellitenbasiertes Internet und keine ausreichende Energieversorgung der Zukunft möglich wäre. Den Fortbestand der liberalen Demokratie können wir aber ohne ausreichende und klimakonforme Energieversorgung nicht gewährleisten. Die Ausbreitung des demokratischen Ideals weltweit dann umso weniger. So schließt sich der Kreis.

Nur sind wir uns dessen kaum bewusst. Wir haben gelernt, unsere westliche Zivilisation als etwas Gegebenes zu betrachten, als

7 Hier ist der Einwand zu erwarten, dass der Westen durch seine naturwissenschaftliche Entmythologisierung der Natur die Welt ihrer metaphysischen Verankerung im übernatürlich Göttlichen beraubt hat, was heute schmerzhaft vermisst wird. Auf diese Problematik hat u. a. schon Günther Anders in seiner *Antiquiertheit des Menschen* hingewiesen (München 1956). Ich komme auf diesen Punkt im Kapitel 3, »Wohlstand und Moral«, noch kurz zurück.

etwas Natürliches, das keines Nachdenkens bedarf und einfach vorhanden ist. Vor allem die junge Generation, die bereits im Frieden, lange nach dem Zweiten Weltkrieg geboren wurde, erlebte, wie der Warenkorb Jahr um Jahr reicher wurde und ihre Handys mit jeder Produktgeneration schärfere Bilder produzierten. Woher sollen die Kinder wissen, dass das Smartphone eigentlich ein Telefon ist, ursprünglich nur zum Sprechen geeignet, und dass sie heute ein technologisches Wunderwerk in der Hand halten? Dieser Generation kann unser historisch einmaliger westlicher Wohlstand auch schon mal als unnötiger Luxus erscheinen, als verderblich im Vergleich zu all den Zivilisationssünden, die ihr von besorgten Kreisen täglich vorgebeten werden.

Unser Bild der Welt ist unzutreffend negativ. Wir realisieren nicht *wie* gut wir leben, wir erleben kaum, *wie* breit der Wohlstand bereits gestreut ist, über die sozialen Schichten hinweg bei uns, wie über die Länder der Erde – wir sehen nur das, was unseren Vorstellungen von sozialer Gerechtigkeit noch nicht entspricht. Im Bestreben um eine ideale Situation verlieren wir jedes Maß für das bereits Erreichte und sind bereit, an den Unvollkommenheiten des verzerrten Wirklichkeitsbildes zu verzweifeln. Wie es das Idol der Umweltbewegung Greta Thunberg, im sozial vermutlich fortschrittlichsten Land der Welt Schweden wohl versorgt aufgewachsen, seinerzeit den Staatenlenkern in der Generalversammlung der UN in New York mit wutverzerrter Miene vorgeworfen hat »Wie konntet Ihr es wagen, meine Träume und meine Kindheit zu stehlen?«

Das Gefühl, dass etwas noch nicht vollkommen ist, kann zweierlei Folgen haben. Es kann dazu führen, dass Kräfte freigesetzt werden, den unerfreulichen Zustand zu verbessern und etwas Besseres zu erschaffen. Wird das Erkennen des noch nicht Vollkommenen jedoch durch die vorwurfsvolle Missachtung des bereits Erreichten begleitet, so lähmt der Vorwurf die Bereitschaft einer fortgesetzten Anstrengung. Heute sind wir gefährlich nahe an diesem Punkt, unsere Vorstellung vom herrschenden Zustand der globalen Zivilisation ist beängstigend unzutreffend. Statt einer Aufbruchstimmung macht sich das lähmende Gefühl des Misserfolgs breit, die Rezepte der Zukunftsbewältigung tragen statt eines optimistischen Grundtons das Stigma einer ›Strategie des demütigen Zögerns‹. Kein optimaler Zustand, angesichts der Magnitude der gegenwärtigen Krise.

Es tut gut, von Zeit zu Zeit die Videos der Vorträge von Hans Rosling, dem inzwischen verstorbenen schwedischen Forscher und begnadeten Kommunikator, anzusehen, oder sein mittlerweile in der 15. Auflage vorliegendes Buch *Factfulness* zur Hand zu nehmen.[8] Rosling geht mit unseren Vorurteilen über die globale Situation der Menschheit unerbittlich ins Gericht und zeigt, dass unsere Sicht der Welt und der sozialen, wirtschaftlichen und technologischen Entwicklung der letzten Dekaden viel zu negativ geprägt ist. Rosling stellt einfache Fragen mit drei Antwortmöglichkeiten und führt Statistik über die erhaltenen Antworten. Es sind weniger die richtigen Antworten, die einem zu denken geben (diese kann man in diversen Statistiken der UN und anderer internationaler Organisationen nachsehen), als der Prozentsatz der richtigen Antworten – die kaum je auf der positiven Seite liegen und deutlich zeigen, wie negativ wir die Welt sehen.

Beispiel: Wie viele Mädchen absolvieren heute eine fünfjährige Grundschulausbildung in den Ländern mit niedrigem Einkommen?

- A: 20 Prozent
- B: 40 Prozent
- C: 60 Prozent

Die richtige Antwort ist C, 60 %, überraschend viel – der Prozentsatz der von den Teilnehmern Rosling'scher Vorträge in verschiedenen Ländern der Welt gegebenen richtigen Antworten schwankt jedoch zwischen 11 % in Schweden und 4 % in Spanien (S. 13 und

8 Rosling, Hans: *Factfulness. Wie wir lernen, die Welt so zu sehen, wie sie wirklich ist.* Berlin 2019 (Orig. engl. New York 2018). Die Seitenangaben beziehen sich auf die 15. Auflage, Berlin 2022.

320). Die Nachrichten über die extreme Frauendiskriminierung in Afghanistan dominieren unsere Sicht auf die Gesamtsituation der Welt.

Zwei weitere Beispiele: In den letzten 20 Jahren hat sich der Anteil der in extremer Armut lebenden Bevölkerung ...

- A: nahezu verdoppelt
- B: nicht oder nur unwesentlich verändert
- C: deutlich mehr als halbiert

Die richtige Antwort ist wieder C, mehr als halbiert – der Prozentsatz richtiger Antworten schwankt zwischen 25 % in Schweden und 2 % in Ungarn (S. 13 und 321). Auch hier: Die Dominanz der Bilder halbnackter, unterernährter indigener Bevölkerung in unseren Medien prägt unsere negative Erwartung.

Wie viele Menschen auf der Welt haben ein gewisses Maß an Zugang zu Elektrizität?

- A: 20 Prozent
- B: 50 Prozent
- C: 80 Prozent

Die richtige Antwort ist 80 % – der Prozentsatz richtiger Antworten schwankt zwischen 32 % in Norwegen und 14 % in Spanien (S. 15 und 325). Und so geht es weiter mit den meisten Themen in Roslings Frage-und-Antwort-Spiel.

Unsere Unwissenheit der globalen Zustände ist bedenklich, und noch schlimmer ist, dass wir praktisch immer den negativeren Zuständen die höhere Wahrscheinlichkeit zumessen. Wir realisieren nicht, dass sich die bei uns im Westen herrschenden positiven Zustände nach und nach in andere Gegenden der Welt ausbreiten, dass sich die Lage auch in den Schwellenländern bessert – primär dank der Verbreitung des westlichen urbanen Lebensstils, der westlichen Technologie und Wirtschaftsordnung. Und in der Tat, die Metropolen der Welt sehen einander zum Verwechseln ähnlich, die begrenzte verfügbare Fläche zwingt überall zum Bauen in die Höhe, Wolkenkratzer dominieren heute Abu Dhabi oder Riad, Moskau oder Shanghai wie früher New York und Chicago. Der Westen hat sich auch architektonisch durchgesetzt, die Zimmer der internationalen Hotels gleichen einander weltweit, unabhängig vom herrschenden gesellschaftlichen System. Unterteilt man die Weltbevölkerung grob nach Einkommensklassen, so definieren *diese* den Lebensstil mehr als das regional respektive länderweise Spezifische. Die Positiva wie Negativa unseres wirtschaftlichen Systems werden auch im Rest der Welt empfunden. Das politische System der liberalen Demokratie bleibt jedoch mit wenigen Ausnahmen auf das Abendland beschränkt – die Hoffnungen auf den ›Export‹ der Demokratie haben sich nicht im erwarteten Ausmaß erfüllt.

Das freiheitsliebende Abendland teilte seine wissenschaftlichen Erkenntnisse freizügig mit den übrigen Kulturen, so dass heute im Peking wie in Johannesburg, in Mumbai wie in Moskau oder in Bogotá das gleiche Verständnis der Wissenschaft herrscht wie in Berkeley oder Cambridge. Und China oder Japan inzwischen für Europa und USA bezüglich Technologie eine starke Konkurrenz darstellen und uns zum Teil bereits überholt haben – was paradoxerweise ein weiteres moralisches Plus des Westens ist. Es war der abendländische Humanismus, der zur Abolitionsbewegung führte und zur Ächtung und schließlich zur Abschaffung der Sklaverei, einer jahrtausendelang weltweit praktizierten gesellschaftlichen Schande. Es war das westliche Verständnis der Maschine als nützliches Hilfsmittel und nicht nur als skurriles Spielzeug der chinesischen Mandarine und der Tempelwächter der Antike, das zur Mechanisierung der Manufakturen und Plantagen führte, der wichtigsten Voraussetzung der Sklavenbefreiung – neben der allgemeinen Steigerung der Arbeitsproduktivität und des daraus resultierenden heutigen historisch einmaligen Wohlstands. Und es waren die Revolutionen in den entstehenden USA und in Frankreich, in welchen die liberale Demokratie der individuellen Freiheit und Gleichheit geboren wurde, die wir nicht missen möchten, und die im Rest der Welt zwar meist als Ideal empfunden, aber kaum je gepflegt wird. Die Welt würde anders aussehen, wenn es das Abendland und seine Kultur, sein Streben nach besserem Leben, nicht gegeben hätte. Nicht besser als heute, definitiv nicht.

Das bedeutet freilich nicht, dass das abendländische Projekt der demokratischen Gesellschaft bereits abgeschlossen wäre. Auf dem Weg zur Gegenwart mussten viele zeitbedingte Schattenseiten der gesellschaftlichen Entwicklung überwunden werden. Der Aggressionstrieb des Stärkeren gepaart mit dem Sendungsbewusstsein eigener, als überlegen empfundener Kultur führte zur Kolonialisierung der Welt und zur Unterdrückung indigener Völker. Die Unkenntnis und die zum Teil bewusste Missachtung der Grenzen der Belastbarkeit der Umwelt ergab massive Umweltschäden, bis zur heutigen globalen Klimakrise. Es spricht für die ethische Wurzel des Westens, für seine Moral, dass die Fehlentwicklungen erkannt und korrigiert werden,[9] und zwar meist durch kritische Initiativen aus der freiheitlichen westlichen Gesellschaft *selbst*. Die Kritik des Imperialismus oder der Umweltsünden hat westliche Wurzeln, der freie Westen erlaubt und begünstigt Kritik an den herrschenden Zuständen – selbst der Marxismus entstand im Westen, genauso wie die ökologische Bewegung oder Black Lives Matter. Die Frauen erkämpften ihre Emanzipation im Westen, die LGBTQ-Bewegung konnte sich hier entfalten, die Betonung der Rechte der Minderheiten, der Inklusion, die Multikulturalität, das Postulat der Rassengleichheit haben westliche Wurzeln – ja sogar die vom Mainstream als Übertreibung empfundenen Auswüchse der *cancel culture* oder des sprachlichen Gendering prägen die Gegenwart des Westens. Die permanente Diskussion, die diskursive politische Auseinandersetzung, die unbarmherzige Kritik ist die Existenzform der liberalen Demokratie.

9 Das Erkennen der Fehler fällt zugegebenermaßen leichter als das Einleiten der notwendigen Korrekturmaßnahmen – da hat die liberale Demokratie noch Einiges nachzuholen.

Dass wir heute von einer moralisierenden Strategie der Demut unserer Gesellschaft, ihrer akademischen Intelligenz, ihrer Regierungen sprechen und sie kritisieren können, das ist mit ein Beweis für die Lebenskraft des demokratischen Weges und für seine Überlegenheit gegenüber autoritären Regimes. *In einem solchen* würde dies kritische Essay bald einmal auf dem Index landen.

* * *

Den Problemen der zunehmenden Politisierung der Moral (und der reziproken Moralisierung der Politik) in der Gegenwart ist Norbert Bolz nachgegangen, in einem leserfreundlich kurzen Essay.[10] Bolz arbeitet prägnant die Unterschiede der zwei klassischen polaren Staatskonzeptionen aus, der einen, die auf der Annahme des Guten im Menschen beruht, und der anderen, die das Potential des Menschen für das Böse postuliert.

Die tragende Staatskonzeption des Abendlandes geht von der Annahme einer aggressiven Natur des Menschen aus, die durch einen starken Staat zu bändigen ist. Das entspricht dem christlichen Weltbild des in der Ursünde lebenden Menschen, der auf den rechten Weg geführt werden muss. Die Staatslehre von Thomas Hobbes entspringt diesem Ideengebäude. Die Angst des Menschen vor seinen aggressiven Mitmenschen, das *homo homini lupus*, führt zur Bereitschaft der Unterwerfung unter einen mächtigen Leviathan-Souverän, der seinen Untertanen Sicherheit bietet. Die Demokratie hat das Problem der Erhaltung der individuellen Freiheitsrechte trotz der Unterwerfung des Subjekts unter die Macht des Staates weitestgehend gelöst – durch die Montesquieu'sche Konstruktion der Gewaltentrennung. Dem Abdriften der Staatsmacht in die Diktatur wird durch die Verteilung der Macht zwischen der Legislative, der Exekutive und der Judikative vorgebeugt, durch die Amtszeitbegrenzung, durch die garantierte Meinungsfreiheit und durch die ›vierte Gewalt‹ der Medien.

10 Bolz, Norbert: *Keine Macht der Moral!* Berlin 2021.

Die Garantie der Eigentumsfreiheit führt in diesem Staatskonzept zum freien Markt, zu hoher wirtschaftlicher Leistungsfähigkeit und damit zu einem hohen Lebensstandard, der jedoch entsprechend den natürlichen Unterschieden in Begabung, Leistungsbereitschaft und Glück ungleichmäßig verteilt ist. Die ausreichende und wachsende Wirtschaftsleistung erlaubte bisher, Lösungen für resultierende soziale Spannungen zu finden – auf Kosten eines paternalistischen Wohlfahrtsstaats der Umverteilung. Zu den ökonomischen gesellten sich in der Gegenwart die ökologischen Spannungen und heute »haben wir es mit einer Überdehnung des modernen Staates zu tun, und zwar sowohl wohlfahrtsstaatlich wie ökologisch« – so Bolz (S. 11).

Das sozialökonomische Dilemma der liberalen Demokratie führte im 19. Jahrhundert zur Kritik durch den Marxismus, der seinerseits in Rousseaus Utopien eines ursprünglich guten Menschen (des sprichwörtlichen ›edlen Wilden‹) wurzelt. Wenn der ›gute Mensch‹ unter gesellschaftlichen Zwängen leidet, so muss daran die Gesellschaft, ein menschliches Konstrukt, schuld sein – und ein solches Konstrukt müssen die Menschen folgerichtig auch anders, gerechter konzipieren können. Der Misserfolg der auf dieser Annahme beruhenden realsozialistischen Alternative in der Sowjetunion und ihren osteuropäischen Satelliten sprach gegen die marxistische Theorie. Gleichzeitig nahm im kapitalistischen Westen der Wohlstand auch der unteren Einkommensschichten zu.

> »Das wichtigste Produkt des Kapitalismus, das Proletariat, löste sich in Kleinbürgerlichkeit auf. Und der real existierende Sozialismus blamierte den marxistischen Geist. Mit dem Untergang der Sowjetunion platzten die linken Träume endgültig. Deshalb stellt der Protest von rot auf grün um. Statt auf das Proletariat setzt man seither auf den guten Menschen und die eigentlich heile, aber gefährdete, weil ausgebeutete Natur. [...] In den revolutionären Träumen hat die Ökodiktatur die Diktatur des Proletariats ersetzt.« (Bolz, S. 157).

Beides hat eine hohe moralische Relevanz: »Während die wohlfahrtsstaatliche Überforderung von einem politischen Moralismus ausgeht, steht hinter der ökologischen Überforderung die Ersatzreligion der Umweltbewegung« (Bolz, S. 11). Es bleibt nachzutragen, dass die treibende Kraft hinter diesen beiden Herausforderungen das Misstrauen der Linken und Grünen gegen die liberaldemokratische Leistungsgesellschaft ist. Der Marxismus trägt heute ein unverdächtig grünes Mäntelchen und verführt die Jugend der Mittelklasse, welche die Erkenntnis, dass vor jedem Genuss eine Leistung erbracht werden muss, noch nicht verinnerlichen musste.

* * *

Die philosophische Analyse von Norbert Bolz umfasst die politischen Dimensionen der sozialen Gerechtigkeit, der Ökonomie und der Umwelt. Auf der Ebene einer pragmatischen Betrachtung gilt es, die technologische Seite des Problems mitzudenken und die unzureichende Fähigkeit der Gesellschaft zu berücksichtigen, die Grundlagen ihres Wohlstandes zu erkennen. Wie reagiert auf die Herausforderungen der Zeit eine Gesellschaft, deren Wohlergehen während der letzten zwei Jahrhunderte zunehmend durch technologische Innovationen bestimmt wurde – deren wissenschaftliche Basis sie nicht versteht? Wie wurden Generationen sozialisiert, die zum ersten Mal mit einem Flugzeug ›schwerer als Luft‹ konfrontiert worden sind, die zum ersten Mal eine synthetische Stimme aus dem Inneren des Phonograph-Kastens hörten?[11] Oder dann später ein Bild auf dem Gehäuse eines tragbaren Telefons sahen? Wie handeln Menschen, denen die extrem arbeitsteilige Gesellschaft der Gegenwart eine Zivilisation bietet, die sie gelernt haben zu nutzen, deren technologische, wirtschaftliche, sozialpolitische und organisatorische Hintergründe ihnen aber verschlossen bleiben? Sind nicht Entscheide zu erwarten, welche sich für die Zukunft der liberalen Demokratie potenziell als prohibitiv erweisen könnten? In der Politik geht es weniger um das sachlich Wahre als

11 Es sind die Generationen der Groß- und Urgroßeltern des Autors – die evozierte Vergangenheit liegt nicht allzu weit zurück. Und das heute allgegenwärtige Smartphone ist nicht einmal 20 Jahre alt ...

um die *Wahrnehmung* des Sachverhalts. Braucht es Extremsituationen, ja Katastrophen, bis die Wahrnehmung die Realität zutreffend widerspiegelt?

Heute stehen wir einer Herausforderung gegenüber, die ›historisch‹ zu nennen eine Untertreibung wäre. Wollen wir die steigende Belastung der Atmosphäre durch Treibhausgase vermeiden und den Temperaturanstieg begrenzen, so müssen wir zumindest den Ausstoß von CO_2 auf null reduzieren. Nach allen wissenschaftlichen Berechnungen sollte dies bis zum Jahr 2050 geschehen. Das bedeutet den totalen, globalen Verzicht auf die Nutzung von fossilen Energieträgern, Kohle, Erdöl und Erdgas, die heute mehr als vier Fünftel des Energiebedarfs der Zivilisation decken. Und den Ersatz dieser Energiemengen durch Sonne, Wind, Hydro- und Kernkraft bis 2050. Im Klartext bedeutet das,

unsere fortgeschrittene technische Zivilisation vom Grund auf neu aufzubauen. – Ohne auf den heutigen demokratischen Wohlstand zu verzichten. – Und das global und binnen weniger als 30 Jahren.

Realisieren wir die Magnitude dieser Aufgabe? Sie wird noch dadurch erschwert, dass wir das Altgewohnte sozialgerecht beseitigen, abbrechen müssen. Bis wir zu unserem heutigen Wohlstand gekommen sind, brauchte der Westen über 200 Jahre. Das sind acht Generationen, welche keinen bereits vorgespurten falschen Weg verlassen mussten, sondern in einer Aufbruchsstimmung auf der ›grünen Wiese‹ zu bauen anfangen konnten, an den technischen Fortschritt glaubten, der Verführung der Marx'schen Alternative widerstanden, zwei Weltkriege überlebt haben und bereitwillig einer Strategie des Aufbruchs folgten.

Heute herrscht eine Strategie der Demut, des demütigen Zögerns. Die Verführung des Marxismus wurde durch den grünen Traum des Ökodirigismus abgelöst. Die Politik ist moralisiert und durch eine Pseudoreligion der Heiligen Mutter Natur überfordert. Die geltende Strategie setzt zu stark auf Verhaltensänderungen des Menschen. Die Zeitkonstanten der Verhaltensänderungen einer Kultur werden aber in Generationen gemessen. Und wir haben nur noch 30 Jahre Zeit, eine einzige Generation. Die Erfolgschancen sind bedenklich klein, wenn wir nicht auf technisch realistische Lösungswege setzen.

Die Politik ist gefordert, und wir Wahlvolk müssen zu denken anfangen. Nicht einmal die Richtung der bis jetzt eingeleiteten Maßnahmen stimmt. Die Strategie des demütigen Zögerns muss weg vom Tisch.

2

Eva, die Hedonistin avant la lettre

Es gibt Zeiten, in denen sich die Medien über Mangel an attraktiven Schlagzeilen nicht beklagen können. Wir leben in einer solchen Zeit. Will man die Gegenwart zutreffend charakterisieren, so kommt man um das Wort *Krise* nicht herum. Genauer gesagt, um eine multiple Krise. Um das nahezu gleichzeitige Auftreten einer Reihe von Krisenlagen, die zusammenhängen, sich gegenseitig bedingen und verstärken. Um ein ganzes Cluster von Problemen, deren Lösung ansteht, und deren jedes für sich schon eine wirtschaftliche, technologische und sozialpolitische Herausforderung darstellt. Mit geopolitischen Konsequenzen und mit unmittelbarer Gefahr für unsere liberale Demokratie. Epochen später wird die Geschichtswissenschaft vermutlich von einer Achsenzeit reden. Oder vom Armageddon. Je nach unserer Fähigkeit, die existentielle Herausforderung zu meistern.

Die Klimakrise beherrscht den Beginn des 21. Jahrtausends. Nach einer Reihe von internationalen Konferenzen und strategischen Berichten des Weltklimarats IPCC[12] einigte sich die Staatengemeinschaft 2015 in der Pariser Konvention auf das Ziel, aus der Nutzung klimaschädlicher fossiler Brennstoffe als Energiequelle schrittweise auszusteigen. Die mittlere Erdtemperatur soll bis zum Jahr 2050 bei 2,0 °C, besser noch bei 1,5 °C über dem vorindustriellen Stand stabilisiert werden. Das Ziel der Dekarbonisierung der Wirtschaft ist weitgehend unbestritten, der Weg dazu nicht. Auch der Stellenwert der Klimaproblematik innerhalb des angesprochenen Problemclusters, die nötige Priorität der Klimarettung, steht trotz aller Beteuerungen immer noch zur Diskussion. Der Ersatz von Kohle, Erdöl und Erdgas durch erneuerbare Sonnen- und Windenergie wird vorangetrieben, leidet aber unter der Volatilität der Energiequellen – die Sonneneinstrahlung schwankt im Tag-Nacht-Rhythmus und ist von der Jahreszeit abhängig, günstige Winde fallen oft für Wochen bis Monate aus. Speicher genügender Kapazität zur Überbrückung der produktionsarmen Zeiten sind aufwendig und beanspruchen viel Raum und rare Ressourcen – zusätzliche Täler für hydraulische Speicherkraftwerke sind kaum mehr verfügbar, die heutigen Akkumulatoren erfordern unverantwortlich hohe Mengen von Lithium. Kernkraftwerke könnten zwar die CO_2-freie Stromversorgung rund um die Uhr sicherstellen, sie werden aber von grünlinken Ökologiekreisen rigoros abgelehnt, mit dem populären Argument der mangelhaften Betriebssicherheit und der Nichtbeherrschung der Abfallentsorgung – in der Tat jedoch aus kulturpolitischen, religiösideologischen Grundsatzbedenken und nicht aus einem rationalen Abwägen zwischen den bekannten Chancen und den ebenso bekannten Risiken. Die resultierenden Akzeptanzprobleme führten dazu, dass in mehreren Ländern parallel zum Ausstieg aus den fossilen Energien auch der Verzicht auf die Kernkraft beschlossen

12 IPCC – Intergovernmental Panel on Climate Change, vom Umweltprogramm der UNO (UNEP) und der Weltorganisation für Meteorologie (WMO) 1988 gegründet.

wurde. Statt der Weiterentwicklung der nuklearen Technologien wurden laufende Werke abgeschaltet. Erst in letzter Zeit erlebt die Kernkraft eine gewisse Renaissance, die verlorene Zeit rächt sich aber. Das Problem wird moralisiert und schöngeredet, indem unterstellt wird, das Klima könne substanziell durch geändertes Verhalten der Gesellschaft gerettet werden, durch Effizienzsteigerung, konsequentes Sparen und Abbau der Wohlstandsansprüche. Und durch ›erneuerbare‹ Energien,[13] deren Ressourcenverbrauch pro gelieferter kWh letztlich höher ist als bei den meisten karbonfreien ›klassischen‹ Energien, Kernkraft und Wasserkraft.

Als ob es nicht genug Probleme mit der Klimakrise geben würde, kam Ende 2019 die Corona-Pandemie dazu. Dank moderner Gentechnik ist es zwar gelungen in rekordverdächtig kurzer Zeit Impfstoffe herzustellen. Die Weltgemeinschaft konnte aber die Verteilung zwischen den Ländern der Welt nicht zufrieden sicherstellen, außerdem lässt die Wirkung der Vakzine mit der Zeit nach, was periodisches Boostern erfordert. Große Sorgen bereitet die fehlende Akzeptanz der Bevölkerung für eine ausreichend breite Durchimpfung. Die in Umweltkreisen herrschende Skepsis gegenüber gentechnischen Verfahren führte zur Ablehnung der molekularbiologisch hergestellten Vakzinen. Teilweise steigerte sich der Impfwiderstand bis zu irrationalen Verschwörungstheorien über einen gezielten Angriff auf unseren Wohlstand und demokratische Freiheiten durch eine globale mafiöse Pharma-Clique. Der Versuch, die Abwehrmechanismen gegen das Impfen kulturpolitisch zu verstehen, zeigt viele Parallelen zum antitechnologischen Charakter der Energiekrise. Das Covid-19-Virus hat sich als äußerst

13 Was ist an der Kombination Photovoltaik, Windkraft und Lithiumionen-Akkuspeicher eigentlich *erneuerbar* und *nachhaltig* – wobei noch der immense Ressourcenbedarf für die PV-Paneele oder riesige Windturbinen und ihre schwere Fundamente dazukommt? Die Nachhaltigkeit ist zu einem ungefragt positiven ›Buzzword‹ verkommen, mit dem sich jede Politik, jede Firma, jedes beliebige Produkt unkontrollierbar schmücken kann. Im amerikanisch-englischen Sprachbereich hat sich dafür das schöne Wort *buzzword compliance* durchgesetzt.

mutativ erwiesen, in zunehmend kurzen Zeitabständen erscheinen neue Varianten und das Ende der Pandemie ist beim Schreiben dieser Zeilen nicht in Sicht. Das Auf und Ab der Pandemie wirkte sich negativ auf die Wirtschaft aus, die Lockdowns behinderten die Produktion und brachten die Lieferketten durcheinander, mit Einbußen an Wohlstand und sozialer Zufriedenheit.

Parallel zu den Auseinandersetzungen um eine zweckmäßige Strategie der Beherrschung der Klimakrise und der Bekämpfung der Pandemie eskalierte die bereits seit Jahren schwelende Krise um die politische Ausrichtung der Ukraine. Der russische Präsident Putin besetzte 2014 die Halbinsel Krim und unterstützte die russophile Bewegung in den »Volksrepubliken« Donezk und Luhansk. Nach der völkerrechtswidrigen Annexion der Krim kam es zu Kämpfen im Donbass – dies trotz des Minsker Abkommens von September 2014 und Februar 2015. Statt des vereinbarten Waffenstillstands steigerten sich die lokalen Konflikte bis zum Aufmarsch russischer Truppen an der ukrainischen Grenze im Herbst 2021 und zum groß angelegten Angriff auf das Territorium der Ukraine vom 24. Februar 2022. Es kam zu der als »militärische Spezialoperation« kaschierten Invasion der Ukraine. Auch wenn die NATO ein direktes Eingreifen in die Kämpfe vermied, unterstützen mehrere NATO-Mitglieder, vor allem die USA, die Ukraine in ihrer Verteidigung durch Waffenlieferungen und finanziell. Der Konflikt trägt zunehmend Züge eines Stellvertreterkriegs zwischen der Weltmacht USA, resp. der NATO, und der eurasischen Macht Russland. Es geht um die machtpolitische Ausrichtung Europas in einer neuen Architektur des Kräftedreiecks USA, China und Russland. Die Situation lässt Erinnerungen an den Kalten Krieg vor 1990 aufkommen, mit dem Unterschied, dass in der damals bipolaren Welt die Gefahr eines atomaren Kriegs mit gegenseitiger Zerstörung der beiden Kontrahenten zur Stabilität führte. Die sich heute abzeichnende tripolare Welt der Nukleargroßmächte USA, Russland und China, mit wechselnden Allianzen, und mit einer EU, welche die Fähigkeit zu Selbstverteidigung während der letzten Dekaden sträflich vernachlässigte, dürfte weniger stabil sein.

Neben der Sorge um die längerfristige Entwicklung führten die in der Ukrainekrise vom Westen eingeleiteten wirtschaftlichen und monetären Sanktionen gegen Putins Regime zu Retorsionsmaßnahmen Russlands, primär auf dem Gebiet der Lieferung von Erdgas. Das hatte eine ernste Krise der Energieversorgung von Westeuropa zur Folge, mit explodierenden Kosten der Energieträger. Die Energiekrise war so einschneidend, dass sogar die bereits stillgelegten verhassten Kohlekraftwerke reaktiviert werden mussten – der grüne Wirtschafts- und Klimaschutzminister von Deutschland musste über seinen ökologischen Schatten springen. Und so schließt sich der Kreis zurück zur Klimaproblematik. In vielen Ländern des Westens kam es zu ausgedehnten Diskussionen um eine Renaissance der Kernenergie. Um die Abhängigkeit der Energieversorgung vom imperial aggressiven Russland zu vermeiden, ist Europas Ländern offensichtlich vieles recht geworden – die Sorge um Blackouts und kalte Wohnungen im Winter überwog die politischen und ökologischen Rücksichten. In einer Demokratie sind Einbußen am Wohlstand problematisch, potenziert um die Verweichlichung der »mühelosen Gesellschaft« unserer die staatliche Fürsorge gewohnten Bevölkerung – die soziale Unrast à la »Gilets jaunes« in Paris 2018/19 gilt als Menetekel.

* * *

Auch wenn sich die einzelnen Aspekte der herrschenden multiplen Krise im Detail unterscheiden, so betreffen sie stets die Energieversorgung, die Umwelt und die Wirtschaft. In ihrer Gesamtwirkung bedrohen sie den Wohlstand der westlichen Demokratien und dadurch die politische Stabilität des liberal-demokratischen Systems. Der verwöhnte User der modernen Zivilisation mag von den Grundlagen und Voraussetzungen seines Wohlbefindens zwar nur wenig verstehen und überblickt die Details der involvierten Wirkungsketten kaum, auf die Vorteile seiner komfortablen Lebensweise möchte er nicht verzichten. Ein solcher Verzicht wäre unvermeidlich, wollte man das Klima primär durch Verhaltensänderungen und Sparmaßnahmen retten. Und ausgerechnet diese Strategie dominiert im Vorgehen der Umweltkreise und der Regierungen.

Die gängigen Rezepte zur Bewältigung der Klimakrise und ihrer Verschärfung durch die Pandemie und den Ressourcenkrieg mit Russland enthalten starke moralische Aspekte der Kritik am Wohlstand, am Wachstum, am Ressourcenverbrauch. Man vergisst, dass die liberale Demokratie seit ihrer Geburt im Unabhängigkeitskrieg der entstehenden USA im 18. Jahrhundert die Hebung und Sicherung des Lebensstandards des Bevölkerung zum Ziel hat, das klassische *pursuit of happiness*[14] der amerikanischen Unabhängigkeitserklärung. Die Demokratie befolgte dieses sozialpolitische Ziel mit zunehmenden Erfolg, bis zur sozialen Marktwirtschaft der Gegenwart, mit verbrieftem Recht der Bürger auf eine möglichst gerechte Verteilung des erarbeiteten Wohlstands. Von der Regierung wird erwartet, dass sie dieser Maxime folgt und dem Bürger seinen wachsenden Wohlstand gönnt. Stattdessen halten ihm heute viele der Regierungen obrigkeitlich vor, dass er einen verwerflich hedonistischen Lebensstil pflegt, und reden ihm schlechtes Gewissen ein.

Diese unzeitgemäße Strategie der Demut ist fehl am Platz, ja kontraproduktiv. Können liberale Demokraten zu Asketen erzogen werden? Zum Verzicht auf das urdemokratische Recht des *pursuit of happiness*? Aus Überzeugung, aus der Einsicht in die Zweckmäßigkeit des Verzichts, ohne undemokratischen Zwang? Zweifel

---

14 Die sinngleiche Übersetzung von *happiness* bereitet einige Schwierigkeiten. Vielleicht am besten trifft es noch das ›Wohlbefinden‹, das ›Wohlsein‹. Es geht um ein Wohl, das man durch den zielstrebigen eigenen Aufwand kausal erreichen kann, nicht um das kontingente ›Glück‹ der wörtlichen Übersetzung, das man dem Zufall, der Fürsprache der Göttin Fortuna verdankt. Die Übersetzung mit ›Glücklichsein‹ könnte auch gehen – Glück mit der gleichen aktiven Bedeutung wie im Sprichwort: »Jeder ist seines Glückes Schmied«. Ich werde aber meist bei dem englischsprachlichen Original *happiness* bleiben, oder mir mit ›Wohlbefinden‹ aushelfen.

melden sich an. Zumindest ist dies nicht in dem Umfang möglich, der zu Bewältigung der Klima- und der Energieprobleme nötig wäre. Und außerdem, ein solcher Verzicht würde gleichzeitig das Ende der liberalen Demokratie bedeuten, zugunsten eines dirigistischen Staates der Mangelverwaltung, der über die ethischen Kategorien des ›noch Guten‹ und des ›schon Bösen‹ befindet.

Dass der Mensch bei akuter Gefahr oder in einer Katastrophe bis auf eine primitive Lebensweise regredieren kann, das steht auf einem anderen Blatt. Aber die primäre Aufgabe einer demokratischen Regierung ist, solchen Katastrophen politisch, wirtschaftlich und technologisch vorzubeugen, statt diese durch falsches Vorgehen oder durch Nichtstun zu begünstigen.[15]

* * *

Der Mensch strebt seit Urzeiten nach Wohlbefinden. Die Sehnsucht nach dem Garten Eden der Mühelosigkeit begleitet ihn, seit er als biologische Art das Bewusstseins erworben hat, seit er sein Dasein philosophisch reflektiert. Das optimistische Credo seiner Lebensphilosophie heißt: »Das Bessere ist der Feind des Guten«. Es ist das Credo der nie zufriedenen Hedonisten.[16]

---

15 Dies ist wohlgemerkt nicht als Plädoyer für ein ›Wachstum ohne Grenzen‹ zu verstehen. Die Grenzen werden sich einstellen, objektiv, bedingt durch die ökologischen und sonstigen Gegebenheiten, konkret durch die Kapazität der Umwelt zur Versorgung der Zivilisation mit Ressourcen und ihre Regenerationsfähigkeit als Reservoir zur Entsorgung der Zivilisationsabfälle. Aber solange technische und wirtschaftliche Mittel bestehen, um eine ausreichende Energieversorgung innerhalb dieser Grenzen sicherzustellen, spricht nichts gegen die Fortexistenz der Zivilisation und unserer liberalen Demokratie. Theoretisch befinden wir uns heute noch innerhalb dieser Grenzen, wir haben sie noch lange nicht so effizient ausgeschöpft, wie es möglich wäre. Und glaubt man an den innovativen Genius des Menschen, so dürfte dieser Zustand noch eine Weile andauern.

16 Ähnlich zu den Problemen mit *happiness* müssen wir auch den Gebrauch des Wortes ›Hedonismus‹ kurz ansprechen. Darunter wird bisweilen die Befürwortung eines überflüssigen Luxus verstanden. Ich benutze das

Haben sich seine Erwartungen erfüllt? Nein. Hat er das Paradies gefunden? Mitnichten. Bedingt durch seine Unzufriedenheit lebt der Mensch stets in einem gefühlten Jammertal, unabhängig davon, wie viel er bereits erreicht hat. Er träumt stets von einer besseren Zukunft. Man kann in Utopien schwelgen, doch auch das Neue wird stets vom schmerzhaften Verlust des geliebten Alten begleitet. Das Goldene Zeitalter, das war einmal, die Zeit der Götter, die ist vorbei. Wunder gab es vielleicht früher, doch heute? Plackerei und Sorgen begleiten uns, im Schweiße deines Angesichts wirst du das Leben fristen, verspricht uns die Bibel. Auf dem Felde, im Büro, in der Fabrikhalle. Jammern wird der Mensch, klagen über den perfiden Termindruck, über die monotone Arbeit. Hohe Kosten werden uns zu Boden drücken, unter der Inflation werden wir ächzen, korrupte Politik wird uns anekeln. *C'est la vie* – wie wir es in unserer Unzufriedenheit empfinden.

Hochkulturen haben einige Strategien entwickelt, um das Faktum zu begreifen, dass wir trotz aller Anstrengungen gefühlt versagen und auf keinen grünen Zweig kommen. Der Orient verstand die Welt als den Kampf zwischen guten und bösen Gottheiten, mit dem meist unvermeidlichen Sieg des Bösen über das Gute. Das erklärte einiges und erlaubte, die Welt stoisch zu ertragen.

In der griechisch-römischen Antike versuchte man ebenfalls, das Versagen des Menschen den Göttern anzukreiden, wobei man den Gottheiten recht menschliche Züge andichtete, Eifersucht, Boshaftigkeit und Begierde, Verstellung und Betrug, aber auch Empathie und Hilfsbereitschaft. Der antike Olymp war ein Spiegel der Welt und keine metaphysische Hilfe.

Die frühen Hochkulturen Mesopotamiens verstanden das Versagen der Kultur als Strafe für irgendein Vergehen des Menschen gegen die Götter, personifiziert durch einen vorhistorischen König, Ti-

Wort weitgehend neutral im Sinne vom Streben nach Wohlbefinden, Freude, Lust – und Vermeiden vom Schmerz und Unlust. Im weitesten Sinne also das Streben nach einem Zustand des Wohlseins. In einigen Kantonen der Innerschweiz sagt man dazu: »Es wohlet mir«.

tanen oder Halbgott, als eine Ursünde, der man nicht entgehen kann. Die abrahamitischen Religionen haben diese Strategie perfektioniert und sich für einen guten Gott entschieden, der dank seiner Allmacht das Böse besiegt und in die Hölle verbannt. Dass trotzdem in der Welt das Böse überwiegt, das wurde wiederum einer Ursünde angelastet, aber der Sünde von uns Menschen, dem Verstoß unserer biologischen Urahnen Adam und Eva gegen die göttlichen Gebote. Adams Apfelfrevel vom Baum der Erkenntnis, die Erbsünde des Erwerbs von Wissen, wurde zur Ursache unserer immerwährenden Probleme. Das Christentum versprach zwar Erlösung durch Jesus Christus, so man an ihn glaube und die Gebote der Bibel und der Vertreter des Herrgotts hienieden befolge. Aber das überforderte den Menschen und blieb einigen Asketen in der Wüste vorbehalten.

Das christliche Abendland hat sich später im Überschwang der Freude über das durch die paradiesische Apfelepisode erworbene Wissen die Renaissance, die Reformation, den Buchdruck und die Aufklärung geleistet, und hoffte durch säkulare Wissenschaft und Technik zum Wohlstand zu kommen. Die Strafe des Himmels war unbarmherzig, jenseits jeder antiken Nemesis. Der Gott des Abendlandes *erfüllte* (sic!) die Wünsche des Menschen und ließ ihn erfolgreich sein. Und bestrafte ihn stattdessen durch die Melancholie der Erfüllung[17] und das nie nachlassende Wachstum seiner Begierden. Und durch das schlechte Gewissen der Hedonisten inmitten des erreichten und immer noch wachsenden Wohlstands, durch das Unbehagen im Überfluss. Und schließlich durch die nicht besiegbare Angst vor den unausweichlichen Grenzen des so geliebten Wachstums angesichts der Endlichkeit der materiellen Welt – an die wir heute durch die verfehlte Nutzung fossiler Energien stoßen.

* * *

Heute, in der Ära der Molekularbiologie, müssen wir die biblische Geschichte anders erzählen. Seitdem die Humangenetik die Ab-

17 Vgl. Ernst Bloch: *Das Prinzip Hoffnung.*

stammung des Homo sapiens besser zu verfolgen erlaubt als die bestgeführte Kirchenchronik, können wir nach unseren wahren Urahnen, nach der echten ›Eva‹ suchen. Und das führte zum Erfolg – unsere genetische Urgroßmutter haben wir gefunden.[18] Sie lebte vor rund 150 000 Jahren im zentralen Afrika. Ein Teil ihrer Nachkommen blieb in Afrika und wanderte gen Süden, ein anderer Teil machte sich auf den Weg nach Eurasien, im Bestreben, bessere Lebensbedingungen zu finden, ein milderes Klima, reichere Jagdgründe und später dann malariafreie Auen für die Landwirtschaft. Es war eine Expedition der Hedonisten, die nach einem besseren Leben suchten. Es waren risikoreiche, wagemutige Schritte, aber sie lohnten sich. Der Mensch fand, was er sich erträumte. Und das ging weiter so, der Drang nach einem immer angenehmeren Dasein ließ nicht nach und prägt die Geschichte des Menschen bis zum heutigen Wohlstand unserer Spezies – zumindest hier im Westen. Unsere genetische Mutter Eva war eine Hedonistin *avant la lettre*, und vererbte diesen Drang ihren Nachkommen.

Der Name ›Homo sapiens‹ – der weise, gescheite, kluge Mensch – trifft in der beabsichtigten Allgemeinheit allerdings nicht zu. Korrekter wäre es, vom ›Homo cogitans‹ zu sprechen, vom *denkenden* Menschen. Denn denken tun wir alle, unabhängig vom jeweili-

18 Ich spreche hier unsere hypothetische Urahnin an, die »mitochondriale Eva«. Die Erbinformation der Mitochondrien, der kleinen energieliefernden Kraftwerke unserer Zellen, wird ausschließlich von der Mutter auf das Kind weitergegeben – die Erbinformation des Vaters wird jeweils unterdrückt. Die mitochondriale DNA (mtDNA) führt somit zu einer nicht unterbrochenen matrilinearen Verwandtschaft jeder Frau und deren jeweiligen Nachkommen mit einer ›Urmutter‹, aus deren mitochondrialen DNA die mtDNA aller heute lebenden Menschen hervorgegangen ist. Die Rückverfolgung der genetischen Spuren in den Funden prähistorischer Menschen erlaubte, den Ursprung zeitlich und geographisch einzugrenzen. In Anspielung auf die biblische Schöpfungsgeschichte hat sich für die so gefundene hypothetische afrikanische Urmutter der Menschheit der Name »mitochondriale Eva« eingebürgert (vgl. z. B. http://www.geneticancestor.com/DE/DNA.htm, abgerufen am 04.03.2022).

gen Stand unseres Intellekts, wenn auch meist mit unterschiedlichem Ergebnis. Wir nennen diesen Effekt ›Meinungsfreiheit‹, und schätzen diese hoch als eine der konstituierenden Errungenschaften der liberalen Demokratie.

Nun müssen die Mitglieder einer Gemeinschaft miteinander trotz unterschiedlicher Ansichten friedlich auskommen, wozu eine gewisse Mindestangleichung der Meinungen nötig ist. Zu diesem Zweck hat der denkende Mensch die Kindererziehung, die Schulbildung, die Logik, die Tradition, den Nationalismus, die Konventionen, den Glauben, die Moral, die richtige Gesinnung und diverse Nudgings, Narrative, Ideologien und Religionen erdacht, alles Verhaltens- und Denkgebote oder -verbote, die mit der demokratischen Freiheit des Individuums kollidieren. Ja, und zusätzlich haben wir den Staat, der Gesetze erlässt und mit seinem Gewaltmonopol über die Einhaltung der rechtlichen und moralischen Normen wacht.

Unser Genuss am Wohlstand wir dadurch empfindlich geschmälert. Die kulturelle Prägung und unsere genetische Prädisposition geraten aneinander. Einerseits sind wir selten genug mit dem Erreichten zufrieden und wollen immer mehr, immer etwas Besseres und Neueres. Anderseits predigt uns die Moral, die herrschende Ideologie oder Religion, insbesondere der reformatorische Purismus, Genügsamkeit und Enthaltsamkeit, ja Askese – wir dürfen das mühsam Erreichte nicht einmal ohne Gewissensbisse genießen. Und so verstricken wir uns in Widersprüche zwischen dem Versuch, einen moralisch einwandfreien Wohlstand für alle zu realisieren, und den technisch-praktischen und psychosozialen Hindernissen, die dem im Wege stehen. Das Dilemma ist nie vollkommen zu lösen, mehr als ›Paradiese der mannigfachen Unvollkommenheiten‹ gelingen nicht, das schlechte Gewissen bleibt und das starrsinnige Beharren auf alleinseligmachenden Wahrheiten führt zu Konflikten, Glaubenskriegen und ausgewachsenen Katastrophen.

Dies alles ist zur Entlastung des Autors bei den folgenden Überlegungen zu beachten.

3

Wohlstand und Moral

Noch geht es uns gut. Die Jahrhundertseuche der Corona, die uns zwei Jahre lang ängstigte, glauben wir gemeistert zu haben. Dass sie noch nicht vorbei ist, versuchen wir zu vergessen. Die Kriege, die weit weg von uns brandeten, kamen in letzter Zeit zwar unangenehm nah an die Grenzen unserer Insel des Wohlbefindens. Doch auch die Bilder der zerstörten Städte und weinenden Kinder haben den Schrecken bald verloren. Trotz aller Krisen der Welt leben wir in einem historisch eimaligen Wohlstand, sind reicher denn je. Die meisten von uns. Auch wenn wir heute vor Angst zittern, dies alles bald zu verlieren.

Die Gegenwart bescherte uns ein müheloses Dasein. Nur selten denken wir darüber nach, wer dafür sorgt, was alles unternommen werden muss, damit die komplizierte Maschinerie der technischen

Zivilisation wie gewohnt klaglos brummt. Auch angesichts drohender Energiekrisen bleiben wir überraschend ruhig, weil wir die Selbstverständlichkeit des Wohlstands gewöhnt sind. Nur selten bekommen wir richtig Angst, dass es anders kommen könnte.

Selten? Eigentlich nie. Wir verlassen uns auf unsere Regierungen, obwohl wir über sie schimpfen und ihnen Unfähigkeit unterstellen, auf die Innovationen der Wirtschaft, auf die Erfindungen der vielen Industrielabors, die sich mit der Pünktlichkeit einer Uhr einzustellen haben. Alle paar Wochen meldet sich die Cloud mit den neuesten Updates unserer Smartphones und Tablets, die Waschmittel waschen mit jeder Saison weißer und strahlender, das Auto findet noch automatischer in die enge Parklücke. Warum sollten wir uns auch unnütze Gedanken machen, es läuft ja. Wir haben doch Experten und Dienstleister, die für den reibungslosen Betrieb unserer Gesellschaft sorgen. Die Medien sind zwar voll der Schilderungen kommender Energiekrisen, aber noch sind wir ruhig und gehen nicht auf die Straße. Einige wenige Aktivisten proben den Aufstand und kleben sich auf dem Asphalt fest. Aber das sind wir gewohnt.

Diese Lethargie ändert sich dann schnell, wenn etwas passiert. Ein heimtückischer Virus zwingt uns, zu Hause zu bleiben oder mit einer Maske im Gesicht im Zweimeterabstand herumzulaufen. Das lädierte Klima meldet sich, eine Überschwemmung da, ein Waldfeuer dort, eine Demonstration der Freitagsjugend behindert unseren geordneten Individualverkehr. Dann beteuern wir, dass wir es schon lange kommen gesehen haben, dass es so kommen musste, weil es so nicht hat weiter gehen können. Und wenn Herr Putin beliebt, die Ukraine anzugreifen und uns mit seinem Atom-Arsenal zu drohen – na ja, das hat uns schon einen gewaltigen Schrecken eingejagt. Da sind wir schon aus allen Wolken gefallen. Da wurde sogar die Parole von einer Zeitenwende herausgegeben. Und wir spürten, dass wir Geschichte machen ... könnten. Wenn wir wollten.

Aber sonst? Sonst bietet der emanzipierte User der technischen Zivilisation ein kläglich Bild. Sein reichlich vorhandenes Selbstbewusstsein äußert sich nur, wenn er laut und wortreich das Versagen seiner Politiker anprangern kann – es überrascht stets, wieviel nicht gehobene Schätze an Verstand und Expertise in uns Normalbürgern schlummern, denn wir wissen stets genau, was unsere Oberen falsch gemacht haben. Hätte man uns nur vorher gefragt ...[19] Geht es aber um Entscheide zu den technisch-praktischen Grundlagen unseres Alltags, dann flüchten wir uns in die Gefilde der Moral und suchen Gründe für alle Probleme in unserem Verhalten. Was bleibt uns auch anderes möglich? Uns unwissenden Usern der Zivilisationsgüter, die doch nur genießen wollen und können, was ihnen die Gesellschaft zur Verfügung gestellt hat. Wir lassen uns gerne schlechtes Gewissen einreden, predigen Verzicht, geloben Besserung und tun Buße – symbolisch selbstverständlich, denn echt verzichten wollen wir nicht.

Wer im erreichten Wohlstand einen Grund zu großer Zufriedenheit und zum paradiesischen Wohlbehagen sieht, wird enttäuscht sein. Im Gegenteil, die Gesellschaft hat die schlechten Seiten des Wohlstands entdeckt. Schon das Wort ›Wohlstand‹ beginnt zwielichtig zu wirken. Bemerkenswert viele negativ besetzte Begriffe sind mit Wohlstand verbunden – man kennt die Wohlstandskriminalität, die Wohlstandsverwahrlosung der Jugend und den Wohlstandsegoismus, wir haben Wohlstandskrankheiten und spüren den Wohlstandsüberdruss. Das Wörtchen Wohlstand hat einen peinlichen Nachgeschmack bekommen, es wurde zusammen mit Fortschritt und Überfluss auf die Indexliste der negativen Reizworte gesetzt.

Mitten im Hedonismus des gehobenen Lifestyles meldet sich das schlechte Gewissen. Wir leben über unsere Verhältnisse, sagen

19 Die Tendenz des Menschen, seine Intelligenz umso mehr zu überschätzen, je mehr ihm die Fähigkeit zur Beurteilung der Angelegenheit abgeht, wird von den Soziologen als Dunning-Kruger-Effekt bezeichnet. Volkstümlich nennen wir diese Neigung despektierlich Biertisch-Weisheit. Die Fachleute sind sich ihrer Wissenslücken meist bewusster und unterschätzen ihre Fähigkeiten. Der bekannte Ökonom Friedrich A. von Hayek nannte dies die »intellektuelle Demut«.

wir. So geht es nicht weiter, etwas braue sich zusammen. Ein Endzeitgefühl beschleicht unsere Wohlstandsoasen, unsere als prekär empfundene Existenz im dekadenten Metaversum, inmitten klaglos laufender Lieferketten der digitalen Gadgets. Werden wir unseren Traum des ewigen Wohlbefindens retten können? Kann man unsere Hybris des abfallträchtigen Luxus durch einige Hybridfahrzeuge abbüßen?

Und so navigieren wir zwischen der Scylla der High-Tech-Verheißung und der Charybdis eines Landlebens à la Rousseau mit zertifizierten Biolabeln, unfähig eine erlösende Antwort auf unsere Fragen zu finden. Mal hoffen wir auf die historische Kraft demokratischer Freiheiten, mal empfinden wir Angst vor der disruptiven Entwicklung rigider Ideologien. Unsicher, ob wir die Zukunft meistern werden, oder ob wir einer Dämmerung entgegentreiben.

* * *

Weitgehend unbeachtet hat sich unsere Befindlichkeit, unser Lebensgefühl in den letzten Jahren verändert. Die westlichen Demokratien hatten viele Jahrzehnte mit der Gefahr der kommunistischen Unterwanderung zu leben, der große Feind der Demokratie war das rote Sowjetreich im Osten mit seinem atomaren Arsenal. Diese Gefahr verschwand in der letzten Dekade des 20. Jahrhunderts, als die Sowjets die liberalen Reformen ihres damaligen Generalsekretärs Gorbatschow nicht als die letzte Rettungschance des wirtschaftlich maroden Systems verstanden haben. Die Sowjetunion ging am 21. Dezember 1991 unter, in Wirren nach dem Putsch der Partei gegen Gorbatschow und nach dessen Niederschlagung durch Volkswiderstand unter Boris Jelzin. Die westliche Demokratie hat sich als stark und überlegen erwiesen, allein durch ihre Existenz und ohne militärische Auseinandersetzung – auch wenn der Einfluss der östlich-autoritären Lehren etwa in Polen, Ungarn oder den Ländern der ehemaligen DDR spürbar blieb.

Eine ganze Generation wuchs im Westen in dem Hochgefühl dieser Überlegenheit auf. Francis Fukuyama prophezeite in der Euphorie damaliger Zeit etwas voreilig das *Ende der Geschichte*,[20] der Untergang des russischen Kommunismus und der Sieg der Demokratie schienen das gesetzmäßige Ziel der geschichtlichen Entwicklung zu sein. Die Marx'sche These vom unvermeidlichen Niedergang der kapitalistischen freien Marktwirtschaft verlor ihren Glanz. Die Versuche der westlichen Mächte in den 1990er Jahren, Russland als Nachfolgestaat der Sowjetunion an den Westen zu binden, scheiterten zwar, aber Russland galt trotz zunehmend autokratischer Tendenzen Putins lange als willkommener und verlässlicher Partner der westlichen Wirtschaft – sogar nach der gewaltsamen Wiedereingliederung[21] der Halbinsel Krim 2014 in das russische Hoheitsgebiet. Jedenfalls fühlte sich Europa trotz zunehmender territorialer Aggressivität Russlands im Nahen Osten und der Ukraine nicht bedroht. Das Gefühl eines ›ewigen Friedens‹ herrschte vor, man gewöhnte sich an den freien Reiseverkehr, ein ehemaliger deutscher Bundeskanzler saß im Verwaltungsrat russischer Erdgaskonzerne, Österreichs Außenministerin tanzte noch 2018 mit Putin zu ihrer Hochzeit. In den USA fraternisierte sich Trump ostentativ mit Putin. Erst mit der Invasion der Ukraine durch die reguläre Armee Russlands am 24. Februar 2022 endete dieses illusorische Friedensgefühl. Weitgehend.

Doch es geht nicht allein um die geopolitische Komponente des Putin'schen Expansionismus. Die angenehme Befindlichkeit der wohlstandverwöhnten Demokraten des Westens geriet schon in den 1970er Jahren in Turbulenzen, als unsere Umweltsorgen gewachsen sind. Die Probleme mit den Nebenwirkungen unserer

20 Fukuyama, Francis: *The End of History and the Last Man.* New York 1992

21 Die Halbinsel Krim war Teil der Russischen Sozialistischen Föderativen Sowjetrepublik innerhalb der Sowjetunion, wurde aber 1954 unter dem damaligen ukrainischstämmigen Generalsekretär Chruschtschow unter die Verwaltung durch die Ukrainische Sowjetrepublik gestellt und kam somit nach der Auflösung der Sowjetunion unter die Hoheit des ukrainischen Staates. Eine verwaltungsadministrative Maßnahme bekam plötzlich weltpolitische Auswirkungen.

technisch-wissenschaftlichen Zivilisation auf unsere Lebenswelt im Speziellen und auf die Umwelt im Allgemeinen, das erste Buch mit Breitenwirkung über die Umweltsünden, der *Stumme Frühling* von Rachel Carson,[22] das Umschlagen der ursprünglichen Begeisterung für die ›unerschöpfliche‹ Energiequelle der Kernkraft in eine breite Anti-Atom-Bewegung in den 1970er Jahren haben nach 1990 das Gefühl der Bedrohung der Demokratie um die Komponente einer drohenden ökologischen Katastrophe ergänzt. Die ökologischen Bedenken dominierten unser Lebensgefühl, wir sind unsicher geworden, ob unsere Gesellschaft der Herausforderung gewachsen ist.

Diese unbewusst gefühlte Verletzlichkeit der Demokratie dürfte einer der Gründe sein, warum wir mitten in der Behaglichkeit des Wohlstands den Propheten des Untergangs auf den Leim gehen. Ist die ›unerträgliche Leichtigkeit‹ der Moderne der Grund für unsere Ängste, für unsere Bereitschaft, überall einen Angriff auf unsere Freiheiten zu erblicken? Ist die geopolitische Weltlage der entscheidende Beitrag zu unserem Unbehagen? War die Zäsur der Corona der letzte Tropfen, der das Fass zum Überlaufen bringt? Oder Herr Putins ukrainische Abenteuer? Nehmen uns die sich häufende Unbill des Wetters, die Waldbrände und sintflutartigen Regenfälle unseren ruhigen Schlaf? Hat gar der gute alte Sigmund Freud recht gehabt mit seiner Diagnose eines unausweichlichen Unbehagens in der Kultur?[23] Oder hat Günther Anders[24] recht mit seiner tiefsinnigen Beobachtung, dass sich der Mensch Jahrtausende als ein Geschöpf, als *creatum* eines göttlichen Schöpfers empfunden hat, und seiner neuen Rolle als *creator*, als Schöpfer technischer Artefakte nicht gewachsen ist? Haben wir den Verlust der Transzendenz unserer Religionen nicht verkraftet?

22 Carson, Rachel: *Silent Spring.* New York 1962

23 Freud, Sigmund: *Das Unbehagen in der Kultur.* Leipzig 1930.

24 Anders, Günther: *Die Antiquiertheit des Menschen.* München 1956.

Der Wohlstand hat uns Verlustängste und die Bereitschaft gebracht, alle unliebsamen Entwicklungen unserem moralischen Versagen anzulasten. Der wohlstandsmüde Westen ist zu Buße bereit.

Was sind die Gründe für diese Entwicklung? Die Antwort auf diese simple Frage fällt nicht leicht. Die einzelnen Schulen der Soziologie werden unterschiedliche Antworten liefern. Die Ethnographen werden andere Aspekte für wichtiger halten als die Kulturanthropologen, die von anderen Prämissen ausgehen. Die Theologen werden ihre abweichende Sicht der Dinge einbringen. Einen Naturwissenschaftler wird dann eher der Zusammenhang zwischen der begrenzten Einsicht des Menschen in die technisch-wirtschaftlichen Zusammenhänge seines Wohlstands auf der einen Seite und der Bewertung technologischer Lösungsoptionen zur Aufrechterhaltung dieses Wohlstands durch die Gesellschaft auf der anderen interessieren.

Die Bedrohungen nahmen in letzter Zeit zu, gefühlt wie reell. Gesellschaftlich, geopolitisch, ökonomisch wie ökologisch. Corona etwa haben wir noch als etwas Vorübergehendes erlebt, die Pandemie hat uns nicht aus der Bahn geworfen. Wir lernten mit dem Virus zu leben, in einer geimpften und geboosterten Normalität, und haben unsere Gene vor der Manipulation durch ein genetisch verdächtiges Vakzin trotzig verteidigt. Die Maske wurde zum modischen Accessoire, wir hielten Abstand und gaben uns die Hände nicht. Nachdem uns das Ventil der emotionalen Klimax in gesperrten Sportstadien versagt blieb, nutzten wir die Gelegenheit, die Impfkontroverse auf der Straße randalierend auszutragen. Die Wirtschaft hat sich überraschend schnell erholt, die große Krise blieb aus. Corona hat uns den Hedonismus nicht ausgetrieben, auch wenn die Narben blieben. Aber vieles ist da, was länger wirken wird und wogegen es kein Vakzin gibt. Haben wir allzu weit am Ast gesägt, auf dem wir uns bequem niedergelassen haben?

Das gute Leben beten wir trotz dieser Menetekel weiter an. Auch wenn das 20. Jahrhundert für die Welt nicht erholsam war. Nicht einmal die zwei Weltkriege, das Inferno des Holocausts, der Stalinterror in Russland, der Holodomor in der Ukraine, die prekäre Stabilität der bipolaren Welt des kalten Krieges und der Zusammenbruch des Sowjetreiches 1991 haben es geschafft, die wirtschaftliche Nachkriegsblüte des Westens zu stören. In den 1950er Jahren haben wir uns daran gewöhnt, unser Wohlergehen am prozentualen Jahreszuwachs der Wirtschaftsleistung zu messen. Samuel P. Huntingtons *Clash of Civilizations*[25] nahmen wir in unserer Euphorie kaum als Warnung wahr, so dass wir zu Beginn des neuen Millenniums durch ›9/11‹ und den islamistischen Terror überrascht wurden. Unsere Sorglosigkeit blieb trotzdem bestehen. Die ersten zwei Dekaden des dritten Jahrtausends setzten den wirtschaftlichen Aufschwung unbeeindruckt fort, unbeschadet der weltweiten Finanzkrise 2007/08. Wir gewöhnten uns an Smartphones, Personal Computers und die Selbstverständlichkeit der extensiven Kommunikation des Internets. China schaffte den Sprung vom Entwicklungsland zu wirtschaftlicher und militärischer Weltmacht, und Donald J. Trump hat gezeigt, dass auch die älteste Demokratie der Welt bis an den Rand des Zusammenbruchs gebracht werden kann. Hat uns die manifeste Verletzlichkeit der Demokratie geweckt, ist sie der Grund, warum wir uns heute in unserem Wohlstand unwohl fühlen?

So einfach ist die Diagnose nicht zu treffen. Die Welt hat andere Sorgen. Die sozialen Medien beschäftigen sich eher mit den Auswüchsen der *political correctness* der *woken* akademischen Jugend, der *cancel culture* oder der *critical race theory* als mit der Staatslehre. Auch die drastischen Bilder des Sturms auf das Washingtoner Kapitol von 6. Januar 2021 haben die Mehrheit der republikanischen Hälfte der US-Bevölkerung nicht davon abhalten können, den Terrorakt eines von Trump aufgeputschten Mobs für eine

25 Huntigton, Samuel P.: *Kampf der Kulturen.* München 1998 (Orig. engl. *The Clash of Civilizations.* New York 1996).

›friedliche Demonstration‹ zu halten. Hier, in dieser ideologischen Sturheit der einen wie der anderen der divergierenden Seiten der Gesellschaft darf ein Movens gesucht werden, das nicht nur die engere Politik, sondern auch die breite Öffentlichkeit bewegt.

Ein anderer Themenkreis mag die Menschen seit einem halben Jahrhundert weltweit zu mobilisieren: die Fragen der Umwelt, unsere wachsenden Ansprüche an eine begrenzte Erde, die Grenzen eines unreflektierten Wachstums. Nachhaltigkeit, Umweltschutz, Klimakrise, Erderwärmung, der Schutz der Artenvielfalt und der Naturschönheit beherrschen die Diskussion – ich habe es schon angesprochen. Diese Probleme beschäftigen nicht nur unseren Verstand, sondern auch unser Gemüt, meist sogar mehr als die Ratio. Hier dürfte ein weiterer Grund für die Bereitschaft des Menschen liegen, mitten im Genuss seiner hochentwickelten Kultur der Bedürfnisbefriedigung Schuldgefühle zu empfinden, das schlechte Gewissen, das die Hedonisten befällt, wenn sie aus ihrem Kater erwachen.

Dies ist der Themenkreis, den wir uns ansehen sollten. Fundierte Vorschläge für die Lösung diagnostizierter Probleme werden wir nicht finden – daran arbeiten Abertausende von qualifizierten Fachleuten, von denen wir Sorgfalt und wissenschaftliche Sauberkeit erwarten. Auch diese werden ein ideologisches Bias nicht vermeiden können. Die verbissen geführte Auseinandersetzung zwischen den Vertretern der ›orthodox grünen‹ Lehre und den technikgläubigen Befürwortern pragmatischer Lösungen schadet nicht nur der Lösung der Klimaprobleme, sondern bereits der Diagnose ihrer Symptome. Die technologische Bewältigung der manifesten Erderwärmung stößt an Grenzen dort, wo die psychosoziale Komponente des Problems nicht berücksichtigt wird. Auch über diese Zusammenhänge müssen wir nachdenken.

* * *

Das Problem ist nicht neu. Anfang der 1960er Jahre, inmitten der Euphorie der florierenden Wirtschaft, kam der Begriff Ökologie auf und die Gesellschaft stand vor der Chance einer Vision vom ›Wohlstand im Einklang mit der Natur‹. Visionen sind für die Stabilität der gesellschaftlichen Entwicklung unabdingbar, und der Umweltschutz versprach ein lohnendes und großes Ziel zu sein – und gleichzeitig ein realistisches: Musste früher der materielle Wohlstand durch umweltbelastende Technologien erkauft werden, so hätte bereits die damalige Technologie, die Aussicht auf die Nutzung der CO_2-freien Kernenergie und die hohe wirtschaftliche Produktivität den Aufbau einer umweltverträglichen Zivilisation erlaubt. Doch die Herausforderung des neuen Zieles hat wenig gebracht. Trotz vieler Lippenbekenntnisse ist die ökologisch-technische Zivilisation nicht zu einer strahlenden Vision geworden. Die Gesellschaft war noch nicht bereit und die grünen Bewegungen zelebrierten eher den Aufstand gegen das Establishment, die Provokation der Askese und des Verzichts, als dass sie die Nutzung der Kernkraft als einer ökologisch realistischen Alternative zu bestehender Politik der fossilen Energien realisiert hätten. Für Jute statt Plastik begeistern sich wohlstandsgewohnte Hedonisten nicht.

Der Wunsch nach einer sauberen Umwelt kam in Konflikt mit dem Wunsch nach Wohlstand. Die Grünen realisierten nicht, dass der Umweltschutz als Ziel erst dann möglich wurde, als bereits eine gewisse Wohlstandssättigung vorhanden war, dass die beginnende Überflussgesellschaft eine *Voraussetzung* für ökologisch sinnvolles Wirtschaften ist und der konsequente Umweltschutz ein Luxus, den man sich erst im breit gestreuten Wohlstand leisten kann. Die falsche Alternative, »entweder Wohlstand oder Umwelt«, verdichtete sich zu suggestiver Gewissheit. Wohlstand und Natur wurden zu einander ausschließenden Kategorien, der Umweltschutz rekrutierte seine Propheten aus den Reihen technikfeindlicher Aussteiger und legte sich das Image grüner Chaoten und weltfremder ›Körnlipicker‹ zu, das kein visionsträchtiges Glamour hatte.

Man begriff nicht, dass der Umweltschutz ein Zusatzziel ist – und kein Ersatz für die alten Ziele des materiellen Lebensstandards, der sozialen Sicherheit, der Befriedigung eigener Bequemlichkeit, längerer Ferien und kürzerer Arbeitszeiten. Man tat so, als ob man die Lust der individuellen Mobilität durch die Begeisterung für bedrohte Tierarten und für ozonfreie Luft ersetzen könnte. Und weil das Rezept nicht funktionierte, bekam man schlechtes Gewissen. Die Prognosen der *Grenzen des Wachstums* des Club of Rome taten den Rest.[26] Sie diskreditierten die wirtschaftliche Entwicklung, betonten das Quantitative und wandten den Blick rückwärts. Statt dynamischer Visionen zeigten sie Szenarien bedrückender Ausweglosigkeit. Das schlechte Gewissen paarte sich mit unterbewusster Sehnsucht nach der Stabilität des Mangels. Die Gesellschaft lernte, den Umweltschutz als Strafe für zu viel genossenen Wohlstand zu empfinden. Erst als nach der Jahrtausendwende die Problematik der Treibhausgase und der Erderwärmung unübersehbar in den Fokus kam, besann sich die Politik der Bedeutung der verpassten ökologischen Vision. Nun trafen die spürbaren klimatischen Auswirkungen die Gesellschaft aber bereits mit einer Wucht ohnegleichen.

Heute kann sich keine Regierung, keine politische Partei leisten, das Anliegen des Klimaschutzes zu negieren. ›Grün‹ zu sein, ökologisch zu denken ist der Megatrend unserer an sonstigen Problemen nicht armen Zeit. Die Corona-Pandemie schaffte es zwar, die Tagespolitik einige Zeit zu beherrschen, die instabile geopolitische Lage ebenso, aber der Basso continuo des gesellschaftlichen Rauschens ertönt in den Noten einer Klimakantate. Und der Ukraine-Konflikt befeuerte die Klimadebatte sogar und legte den Finger in die Wunde des deutschen Atomausstiegs nach Fukushima 2011 –

26 Meadows, Dennis et al.: *Grenzen des Wachstums.* Stuttgart 1972 (Orig. engl. *The Limits to Growth.* New York 1972). Es ist bezeichnend, dass viele der scharfen Kritiker der Wohlstandsgesellschaft diejenigen sind, die kraft ihrer sozialen Stellung bereits ihres hohen Wohlstandsniveaus überdrüssig geworden sind. Der Club of Rome vereinigte Exponenten höchster Kreise der Wirtschaft und Gesellschaft in einer erbitterten Kritik an den Grundlagen des Wohlstands, der begonnen hatte, demokratisch besser verteilt zu werden, aber zugleich spürbare Auswirkungen auf Natur und Umwelt zu zeigen.

Ukraine machte die russischen Gaslieferungen, Stichwort Nord Stream, politisch untragbar. Das Klima ist definitiv zum Problem geworden, doch die Ökologie wurde immer noch nicht zu einer begeisternden Vision, sondern zur Quelle unseres schlechten Gewissens der verpasster Chancen.

* * *

Man kann für die nötige Berücksichtigung ökologischer Aspekte viele kausale, ›harte‹ Gründe anführen. Die Bevölkerung des Planeten wächst – die Tragfähigkeit der nur eingeschränkt kultivierbaren Erdoberfläche und die Menge der natürlichen Ressourcen ist jedoch begrenzt. Das ist das klassische Thema der ›Grenzen des Wachstums‹, von der Bevölkerungsfalle des ehrwürdigen anglikanischen Pfarrers Thomas Robert Malthus um 1800 bis zu den computergestützten Modellen des elitären Club of Rome in den 1970er Jahren. Das klassische Muster lautet: Die Ansprüche (die Zunahme der Bevölkerung, der Ressourcenverbrauch) wachsen exponentiell, die Möglichkeiten ihrer Befriedigung (Nahrungsmittelproduktion, Ressourcenvorräte der Natur) dagegen nur linear, falls überhaupt. Heute macht uns der Hunger der Zivilisation nach den Ressourcen etwas weniger Sorgen, unsere Kenntnisse der Naturwissenschaften eröffneten uns viele Handlungsoptionen der *Versorgung*, an welche Malthus nicht denken konnte und welche auch der Club of Rome nicht berücksichtigte. Heute fürchten wir mehr das Problem der *Entsorgung* der zivilisatorischen Abfälle, einerseits wegen der begrenzten Aufnahmefähigkeit der Erde (immense Menge der Treibhausgase in einer begrenzten Atmosphäre; die Einleitung von Abfällen in Gewässer, deren Regenerationsfähigkeit überschritten wird ...), anderseits stört die hohe Toxizität einiger Abfälle der Zivilisation, die zwar aufkonzentriert und kontrolliert außerhalb der Biosphäre entsorgt werden könnten, wo aber der Nachweis der Dauerhaftigkeit ihres sicheren Einschlusses anspruchsvoll ist, und das Konzept der Endlagerung mangels fehlender fachlicher Kompetenz der Bevölkerung wenig gesellschaftliche Akzeptanz genießt.

Allen diesen Gründen gemeinsam ist, dass es sich praktisch immer um logisch lösbare Probleme handelt, um Probleme der geeigneten Organisation, der zweckmäßigen Vorgehensweise und vor allem der *richtigen Technologie.* Und gleichzeitig um Probleme eines fehlenden *gesellschaftlichen Konsensus,* der Einigung bezüglich der Prioritäten beim Anpacken der Einzelprobleme, bei der Beurteilung der Vorgehensstrategien. Es sind wie gesagt (techno-)logisch lösbare Probleme, der Tenor der Ökologiedebatte wird jedoch vom Gefühl des schlechten Gewissens bestimmt – es sind ja wir Menschen, die wir uns die anstehenden Probleme eingebrockt haben; hätten wir nicht vernünftiger vorgehen können? Haben wir uns nicht des Verbrechens der Hybris schuldig gemacht? Wollten wir nicht Sachen, die uns nicht zustehen und die wir der göttlichen Gaia, der Mutter Natur gestohlen haben? Leben wir nicht auf Kosten der künftigen Generationen? Ist unsere Gesellschaftsordnung noch gesund und moralisch, ist sie an den angehäuften Problemen nicht kausal schuldig? Das sind keine neuen Vorwürfe, *die Aspekte der Umweltpolitik haben unsere Gesellschaft schon deshalb in ihren Fundamenten erschüttert, weil sie auf den Boden archetypischer Existenzängste des Menschen gefallen sind.*

Die Mythologien der ersten Kulturen, von denen wir schriftliche oder zumindest bildliche Zeugnisse besitzen, sprechen vom Vergehen des Menschen an Gütern, die nur den Göttern vorbehalten sind. Folgen wir einigen Absätzen von Mircea Eliades klassischem Werk *Geschichte der Religiösen Ideen,*[27] das eine gute Einführung in diese Materie bietet. Bereits der paläolithische Jäger »fürchtet die Rache des erlegten Tieres [...] oder [...] rechtfertigt sich vor dem Herrn der Tiere« (S. 46), und auch die Mythen der neolithischen Bauern »über den Ursprung des Getreideanbaus [...] berichten von einem Urraub: das Getreide existierte bereits, aber nur im Himmel, von den Göttern eifersüchtig gehütet« (S. 47). Ein Kulturheld vom Typus des späteren Prometheus begeht den Fre-

27 Eliade, Mircea: *Geschichte der religiösen Ideen.* Band 1: *Von der Steinzeit bis zu den Mysterien von Eleusis.* Freiburg im Breisgau 1978.

vel, einige Körner zu stehlen und den Menschen zu bringen. Das Bewusstsein lässt den Menschen für den Erwerb seines Wohlstandes durch schlechtes Gewissen büßen, das eherne Gesetz des Tierreichs, »fressen, und gefressen werden«, wird ihm fremd, seine Reflexion über das Leiden des Tieres oder das Vergraben (ergo töten!) des Saatguts in die fruchtbare Erde entfremdet ihn von der sakralisierten Muttergöttin Natur.

Das Thema zieht sich durch die ganze Kulturgeschichte des Menschen, auf die »Mythologie des Steinschliffs« folgt eine »Mythologie der Metalle« (S. 58 ff.), der Babylonische Weltschöpfungsmythos *Enuma Elisch* wird im *Gilgamesch Epos* weitererzählt, die in beiden thematisierte Sintflut als Strafe für die menschliche Hybris finden wir später in der hebräischen Bibel ... Unsere Mythologie des *homo faber* folgt letztlich den Glaubensvorstellungen der anbrechenden Eisenzeit über die Vorgänge bei der ›unnatürlich‹ schnellen Umwandlung der mineralischen Erze zu Metallen durch die Verhüttung im ›göttlichen‹ Feuer.

> »Der Kampf um die ›Beherrschung der Zeit‹ – der in den, durch die organische Chemie erreichten ›synthetischen Produkten‹ seinen größten Erfolg errang und damit einen entscheidenden Schritt in der ›synthetischen Vorbereitung des Lebens‹ setzte (Homunkulus, der alte Traum der Alchemisten) –, dieser Kampf, sich selbst an die Stelle der Zeit zu setzen, der den Menschen der heutigen technischen Gesellschaft charakterisiert, war bereits in der Eisenzeit entbrannt.« (S. 60 f.).

Eliades schrieb diese Sätze in den 1970er Jahren, heute gewärtigen wir die archaische Angst vor dem begangenen Frevel der göttlichen Güter, wenn ein Viertel der Bevölkerung die Impfung mit dem mRNA-Vakzin gegen Covid-19 ablehnt. Man soll den Göttern nicht ins Handwerk pfuschen ...

Die Bereitschaft zu Buße, zur Selbstkasteiung – die ich als die Strategie der Demut bezeichnet habe – liegt tief in unserer kollektiven Psyche angelegt, in den Narrativen unserer besorgten Großmütter und den Ermahnungen unserer gestrengen Väter. Zuwenig ist schlecht, doch jedes Zuviel ist verdächtig und zu vermeiden – die Mitte, die *mesotes* der Aristotelischen Ethik regiert. Auf der anderen Seite gibt es Bereiche, wo es akzeptiert, ja erwartet wird, dass Spitzenleistungen vollbracht werden - es gibt keinen Industrieprozess, bei dem heute die höchste Effizienz in der Energienutzung nicht an erster Stelle stehen würde, es gibt keine Hochschule vom Rang, die nicht nach Exzellenz in der Forschung streben würde, es gibt keine Sportart, wo man nicht nach Rekorden trachten würde. Vor allem im Bereich der Intelligenz erstreben wir Höchstleistungen. Und ausgerechnet auf diesem Gebiet kollidiert der *modus operandi*, das Streben nach immer mehr Wissen, mit der klassischen Warnung der abrahamitischen Religionen - mit der Parabel von Adams Biss in den Apfel vom verbotenen Baum der Erkenntnis, mit unserer Erbsünde des Griffs nach Wissen. *The Sin of Knowledge*[28] wirkt bis heute nach.

Ein größerer Widerspruch zwischen unserer Kultur der Bescheidung einerseits und der hedonistischen Zivilisation der wachsenden Ansprüche anderseits ist nicht vorstellbar.

* * *

Hier also liegen die Wurzeln unserer Neigung zur Bewältigung zivilisatorischer Krisen durch kulturelle Bußhandlungen, der sturen Bereitschaft zur Remedur technologischer Versäumnisse durch moralträchtige Verhaltensänderungen. Die Frage stellt sich, wie weit - und ob überhaupt - Verhaltensänderungen wirksam sind und nicht nur als Alibiübungen zur Tilgung unserer Bußbedürfnisse dienen.

Einen interessanten Hinweis liefert der englische Philosoph Arnold J. Toynbee in seinem Spätwerk *Menschheit und Mutter Erde.*[29]

28 Ziolkowski, Theodore: *The Sin of Knowledge. Ancient Themes and Modern Variations.* Princeton und Oxford 2000.

29 Toynbee, Arnold J.: *Menschheit und Mutter Erde.* Düsseldorf 1979 (Orig. engl. *Mankind and Mother Earth.* London 1976).

Auch er geht bis zu den Anfängen der Zivilisation im Neolithikum zurück, was ihm einen bemerkenswert konsequenten Gedanken zu den ökologischen ›Sünden‹ unserer Zivilisation erlaubt. Wie Eliade tadelt auch Toynbee unsere Technologie als naturfern und ortet einen Bruch in der umweltgerechten Entwicklung der Spezies Homo sapiens am Ende der Jungsteinzeit. Die aufkommende Nutzung der Metalle, die technische Innovation der Metallgewinnung und -verarbeitung hätten damals zwar eine neue Stufe der Zivilisation eingeleitet, aber der Preis sei die Überforderung der Natur gewesen. Man könne folgerichtig zum Schluss kommen, »dass es besser gewesen wäre, wenn man die Metallbearbeitung nicht erfunden und der Mensch sich mit den technischen Errungenschaften des Neolithikums begnügt hätte« (S. 49). Die Ausbeutung der Naturressourcen und die Belastung der Atmosphäre wären so unterblieben, und wir liefen nicht die Gefahr, unseren Nachkommen eine erschöpfte und lebensfeindliche Umwelt zu hinterlassen. Toynbees logische Schlussfolgerung lautet:

> »Für unsere neolithischen Ahnen wäre es weniger schwierig und schmerzlich gewesen, in ihrer Steinzeitkultur zu verharren, *als es unseren Nachkommen sein würde, zu ihr zurückzukehren, falls sich dies als die einzige Alternative zum Untergang der Menschheit herausstellen sollte*« (S. 49, Hervorhebung E. K.).

Sind wir heute soweit? Steht der Untergang der Menschheit bevor? Ist die Rückkehr in die Steinzeit unvermeidlich? Ist Professor Toynbee der geistige Großvater von Greta Thunberg und Extinction Rebellion?

Der ökologische Rigorismus seines ›Zurück zur Steinzeit‹ überrascht nicht. Toynbee begründete seinen Ruf als einer »der letzten großen Universalhistoriker in der Tradition Jacob Burckhardts und Oswald Spenglers« (so sein Wikipedia-Eintrag) durch sein zwölfbändiges Werk *A Study of History* (1934–1961), in dem er sich wie seine Vorgänger mit den geschichtlichen Zyklen des Aufstiegs und Untergangs der Zivilisationen befasste. Haben die früheren Autoren jedoch die geschichtlichen Umstände der Epochen primär unter kulturellen, wirtschaftlichen, sozialen und politischen Aspekten diskutiert, so bringt Toynbee obsessiv die Komponente der Technologiekritik ein – Franz Borkenau berichtet von »Toynbees verärgerter Verwerfung der modernen Technik« und schreibt:[30]

> »Ich habe ihn selbst – auf einer anglo-amerikanischen Konferenz im Jahre 1935 – sagen hören, dass die alten Griechen schon alles erreicht haben, was auf dem Gebiet der materiellen Zivilisation Nützliches erreicht werden konnte, und dass unsere moderne Technik vom Anfang bis zum Ende ein einziger großer Fehler war«.

Angesichts der Untergangsszenarien der Klimadebatte bekam Toynbees skurrile Schlussfolgerung vom Ende der 1970er Jahre eine unerwartete Aktualität. Müssen wir uns fragen, ob es inzwischen tatsächlich so weit gekommen ist, dass uns die Klimakrise zwingen wird, das Rad der Zivilisation zurückzudrehen und in die Steinzeit zurückzukehren? Oder zumindest zu den alten Griechen, mit ihren ›ausreichend nützlichen‹ materiellen Errungenschaften? Oder genügt schon die Rückkehr zum frühindustriellen Zustand des Jahres 1900, des Beginns einer substanziellen Zunahme anthropogener CO_2-Emissionen? Der Tenor der Neujahrsansprachen unserer Staatenlenker in den letzten Jahren jedenfalls lautete sinngemäß: »Wenn wir den Untergang der Zivilisation vermeiden wollen, müssen wir unseren Lebensstil konsequent ändern«. Die Parolen der klimabewegten Jugend waren nur unwesentlich radikaler. Realisiert man nicht, dass die liberale Demokratie auf dem Recht des Volkes auf das *pursuit of happiness* fußt, und nicht auf einer obrigkeitlich festgelegten Lebensnorm?

Meine Erwähnung des Vorschlags von Professor Toynbee ist nur bedingt als Provokation gemeint – wir werden in der Tat zu überlegen haben, ob es ein Optimum der Zivilisation bezüglich der Ansprüche des Menschen an die Natur gibt, beziehungsweise ob sich dieses Optimum mit dem Wachstum unserer naturwissenschaftlichen Kenntnisse verschiebt und wir dem Fluch der ›Sünde der Erkenntnis‹ entrinnen können. Die bisherige historische Erfah-

30 Borkenau, Franz: *Ende und Anfang*. Stuttgart 1991, S. 73.

rung spricht jedenfalls dafür, dass der Mensch seine Wohlstandsansprüche eher dynamisch zu interpretieren bereit ist – den Überfluss von gestern empfinden wir schon morgen als genuinen Mangel. Der Mensch sucht lieber nach den (technischen) Mitteln zur Befriedigung seiner (wachsenden) Ansprüche, als dass er sich dem (moralischen) Diktat der Bescheidung unterwerfen würde.

Das Unbehagen an der Gegenwart kann man als den ungelösten Widerspruch zwischen gesellschaftspolitischen Kräften interpretieren, die ein statisches Optimum mit ethisch begründeten Ansprüchen anstreben einerseits, und solchen, die eine offene Entwicklung erhoffen, mit einem jederzeit korrigierbaren und neu auszuhandelnden Wohlstandsanspruch anderseits.[31]

So suggeriert der gegenwärtige Klima-Hype, dass wir ohne Verzicht auf viele der Segnungen der technischen Zivilisation einer Katastrophe nicht entkommen werden, und nährt gleichzeitig eine gefährlich diffuse Hoffnung, dass dieser Verzicht ›sozialverträglich‹ zu haben ist und sich auf ein paar Flugreisen der feiernden Abiturklassen und auf die dieselfressenden SUVs der schultaxifahrenden Mütter der Freitagskinder beschränken wird. Sowie auf die Entrichtung einer symbolischen CO_2-Abgabe für den Flugverkehr, durch welche Ablasshandlung die Klimagötter besänftigt werden. Auf die Annehmlichkeiten unserer energiehungrigen Zivilisation wollen wir nämlich entgegen den Proklamationen in Klimade-

31 Diese divergierenden Kräfte manifestieren sich nicht selten in einer und derselben Person. Als Teenager betet man Greenpeace und WWF an und klebt sich für Extinction Rebellion auf die Straße, mit dreißig Jahren entdeckt man die Annehmlichkeiten des Wohlstands – und realisiert, dass in unserer meritokratischen Gesellschaft der Wohlstand *erarbeitet und verdient* werden muss. Und als politische Person kritisiert man schon mal die verwerflichen Wohlstandsansprüche der Massen, um selbst seine Ferien in der Karibik zu genießen oder seine Hochzeit tagelang auf Sylt zu feiern.

monstrationen nicht verzichten, das wäre zu schmerzlich. Da hat Toynbee mit seiner Mahnung recht – das Verharren in einer vorenergetischen Kultur wäre in der Tat leichter zu ertragen gewesen als die Rückkehr zum Leben ohne fließendes Warmwasser und mit Licht von Kerzen aus Hirschtalg. Denn wir sind nicht mehr unschuldig, wir haben bereits vom süßen Gift der Bequemlichkeit genascht und uns an die Mühelosigkeit der technisch-industriellen Zivilisation gewöhnt. Und an die schmerzfreie Behandlung bei der Zahnärztin.

Was aber viel wichtiger ist und von uns selten bedacht wird: Die politische Freiheit unserer Gesellschaft beruht kausal auf der gesicherten Verfügbarkeit über ausreichend Energie. Die Gründer der liberalen Demokratie zu Beginn des 19. Jahrhunderts haben mit ihrem politischen Unternehmen insofern Glück gehabt, dass in der Wirtschaft gleichzeitig die erste technisch-wissenschaftliche Industrierevolution stattfand, mit dem Ersatz der Muskelkraft durch Dampfmaschinen und später durch Elektromotoren, mit dem Bau der Eisenbahnen, mit einem ständig wachsendem Angebot an maschinell produzierten Seriengütern des täglichen Bedarfs, mit der Mechanisierung des Haushalts. Auch wenn die Industrialisierung zunächst die Klassenunterschiede zwischen den Profiteuren des Aufschwungs und dem Proletariat hat anwachsen lassen, konnte so die materielle Basis der Demokratie aufgebaut werden, welche nach und nach zu unserer heutigen Gesellschaft des sozialen Ausgleichs geführt hat. Die wir zwar kritisieren und weiter zu verbessern trachten, aber nicht mehr missen möchten und können. Die schwere körperliche Arbeit haben wir dank der Verfügung über billige Energie abgeschafft, im industrialisierten Westen ist es nicht mehr das verelendete Proletariat, das heute die Mehrheit der Menschen bildet, sondern ein breiter Mittelstand mit einem historisch einmaligen Wohlstand. Ohne maschinelle Produktion der Güter des täglichen Basisbedarfs der Bevölkerung, ohne die resultierende leichte Befriedigung auch der Ansprüche an das ›gute Leben‹ gäbe es keine Demokratie mit ihrem gegenwärtig beherrschten Dilemma zwischen unternehmerischer Freiheit und sozialer Gerechtigkeit – sondern eine harte dirigistische Verwaltung des Mangels.

Die Gretchenfrage der Gegenwart ist, ob es uns gelingt, die Klimaprobleme im Rahmen der liberalen Demokratie zu lösen – oder ob unsere freiheitliche Gesellschaftsform unter dem Klimawandel zusammenbrechen wird.

Dieses Dilemma zu lösen ist die eigentliche Herausforderung der Zeit. Es ist dringend notwendig, die enge Verbindung zwischen der Produktivität der technisch-industriellen, energiebasierten Wirtschaft und der Liberalität unserer Demokratie zu thematisieren und zu verstehen – unsere liberale Leistungsgesellschaft. Der Mensch hat zu seiner Existenz schon immer Energie benötigt – unseren tierischen Vorfahren genügten die Kalorien, die sie mit der Nahrung aufnahmen, der Mensch der Zivilisation benötigt darüber hinaus zusätzliche Energiequellen. Die eigentliche Kulturleistung des Humanismus ist die Fähigkeit des Menschen, statt der Ausbeutung versklavter Mitmenschen nichtbiotische mechanische Energie zu erschließen – ich werde auf dieses Thema noch ausführlicher zurückkommen.

Der Mangel an mechanischer Energie war kein Hindernis für das Entstehen und Florieren antiker Hochkulturen. Die despotischen Gesellschaften störten sich nicht daran, dass sie sich mit Armeen von Sklaven und Kohorten von Galeerenruderern begnügen mussten, später dann mit Massen leibeigener Bauern. Ein Energiemangel wäre aber die größte Herausforderung für unsere liberale Gesellschaftsordnung, welche die Werte des Humanismus, der Toleranz, Freiheit und Gleichheit anstrebt und weitgehend auch erreicht hat – dank der Verfügbarkeit über reichlich sprudelnde nichtbiotische Energiequellen.

Die liberale Demokratie ist auf dem Fundament einer sicheren Energieversorgung aufgebaut. Ohne diese würde die Demokratie ihre unerlässliche materielle Basis verlieren.

Die digitale Revolution wird zwar helfen, die Energie effizienter zu nutzen, aber der Energiebedarf wird mit steigenden gesellschaftlichen Anforderungen weiterwachsen. Allein die Lösung der CO_2-Problematik wird zunächst paradoxerweise einen zusätzlichen Energieverbrauch verursachen – ohne die Nutzung aller verfügbaren nichtvolatilen nichtfossilen Energiequellen, die Entwicklung von Energiespeichern mit großer Kapazität für die volatilen sogenannten Erneuerbaren, die Entwicklung heute noch nicht vorhandener, energieintensiver Verfahren zur Extraktion und Fixierung des CO_2 aus den Abgasen der Industrie und aus der atmosphärischen Luft sind die Klimaziele nicht zu erreichen. Wir sollten uns daran gewöhnen, dass das Ziel einer CO_2-Null nicht durch die Zähmung des Energiehungers der Gesellschaft erreicht werden kann, sondern überwiegend durch die komplette Umstellung der Energieversorgung auf CO_2-freie Quellen. Der Netto-Eintrag nichtabbaubarer klimarelevanter Stoffe in die Atmosphäre muss null werden. Die intelligente, effiziente und sparsame Energienutzung ist dazu auch ein wichtiger, aber kein entscheidender Beitrag. Der Mensch ist kein Verstandesgigant und kein Moralapostel, der aus eigenem Antrieb zur Einsicht in die Zweckmäßigkeit einer totalen Änderung seines Verhaltens gelangen würde, vom heutigen Hedonismus zu einem asketischen, nichtegoistischen Lebensstil, unter Verzicht auf seinen Individualismus und seine Lebenserwartung. Setzt man den Fokus primär auf die Verhaltensänderung der Gesellschaft, so landet man in der Tyrannei eines sozial-ökologischen Dirigismus und in einer vormodernen Zivilisation. Und das, ohne dass sich am hohen und weiter steigenden CO_2-Gehalt im begrenzten Verdünnungsreservoir unserer Atmosphäre etwas ändern würde. Vereinfacht formuliert: Die Technologie schlägt die Moral, ob es unserem Selbstverständnis als eine nicht nur verstandesbegabte, sondern auch ethisch hochstehende Spezies schmeichelt oder nicht.

Herr Toynbee hätte sich über die historische Bestätigung seiner düsteren Prophezeiung gefreut ...

* * *

Ein interessant skurriler Beitrag zur Moral in der modernen technisch-industriellen Welt findet sich im einem wenig bekannten, 1922 erschienenen Roman des tschechischen Schriftstellers Karel Čapek, *Das Absolutum.*[32] Die Story ist relativ einfach, aber philosophisch anspruchsvoll. Die 1905 von Einstein postulierte Äquivalenz von Masse und Energie – die etwas bedrohlich Metaphysisches[33] an sich hat – wurde in der Zeit nach dem ersten Weltkrieg in den Medien ausgiebig diskutiert. Auch Čapek wurde vom Potential der Umwandlung von Masse in Energie fasziniert, als technischen Laien interessierte ihn aber mehr die theologisch-philosophische Frage: Wenn Gott die Materie erschaffen hat und der Mensch sie zwecks Umwandlung in Energie vernichtet, was bleibt dann übrig? Nach dem schon von Aristoteles formulierten philosophischen Prinzip *ex nihilo nihil fit* kann auch Gott aus Nichts nur Nichts kreieren – auch

32 Čapek, Karel: *Továrna na absolutno.* Prag 1922 (dt. *Das Absolutum.* Berlin 1976). Zitate im Text nach der deutschen Ausgabe.Übrigens – zwei Jahre früher (1920) schrieb Čapek sein utopisches Drama *R.U.R. Rossum's Universal Robots*, dem unsere Zivilisation das Wort ›Roboter‹ verdankt.

33 Der physikalisch ›unbelastete‹ Mensch hat auch heute Probleme, die Energiebegriffe der Physik und der Esoterik korrekt auseinanderzuhalten. Die Gesellschaft glaubt auch schon mal an Telepathie, Astrologie und Telekinese, an Karma und Spiritismus und an sonstige parapsychische ›energiereiche‹ Erscheinungen – die Materie und ihr körperliches Gewicht erfahren wir dagegen als etwas greifbar Normales und Beständiges. Ein Kilogramm bleibt ein Kilogramm bleibt ein Kilogramm. Dass die Energie und die Materie ineinander umzuwandeln sind, widerstrebt unserem laienhaften Weltbild und grenzt an Magie.

Er musste also für die Materie irgendeine Ausgangssubstanz genommen haben. Was stand Gott bei der Schöpfung zur Verfügung? Nur er selbst, seine göttliche Substanz. Ergo muss Er *diese* genommen haben. Und weil das Göttliche unzerstörbar ist, wird bei der Vernichtung der *irdischen* Masse die *göttliche* Substanz freigesetzt, bleibt eine »göttliche Emanation« übrig! Die Gewinnung von Energie nach der Einstein'schen Formel $E = mc^2$ setzt unsere Welt als Kollateraleffekt einem »Gott in chemisch reiner Gestalt« aus. So die grotesk verführerische, skurrile Grundthese des Romans.

Und diese irdische Welt ist dem absoluten moralischen Anspruch des Göttlichen nicht gewachsen. Im Roman gelingt einem böhmischen Ingenieur die Erfindung eines »Atom-Karburators«, der jeden Stoff in beliebig kleinen oder großen Mengen in Wärme und somit auch in mechanische Energie umwandelt. Ein Industrieunternehmen erwirbt das Patent und beginnt mit der Serienproduktion. Doch mit einem jeden neuen »Karburator« wird nicht nur mehr und mehr Energie und Wohlstand produziert, sondern auch mehr und mehr Gott und Moral auf die Welt losgelassen. Das Paradies des allgemeinen Wohlstands ist zum Greifen nah, doch die Folgen sind bedenklich. Die Menschen werden erleuchtet, ›göttlich durchdrungen‹, können die Gedanken anderer lesen ... Eine Fahrt mit der Straßenbahn wird zur Höllenfahrt, weil niemand seine Ansichten über die Mitmenschen für sich behalten kann. Junge Damen erröten, weil junge Herren ihr unzüchtiges Begehren nicht unter einem nichtssagenden Lächeln verbergen können. Präsidenten der Verwaltungsräte und CEOs verschenken die Firmen an die Arbeiter, die jedoch beten, statt zu arbeiten. Jedermann kann Wunder bewirken, die von anderen mit Gegenwundern unterlaufen werden. Die Kirche erklärt sich als für Gott unzuständig und zur Steuerung seines Waltens unfähig, weil die Kirche »nichts erkläre, sondern gebiete oder verbiete«. Gott lasse sich aber nichts befehlen, das Absolutum halte sich nicht an kirchliche Dogmen, »es verletzt schwer die Lehre von der Dreieinigkeit« und »unterliegt nicht einmal dem kirchlichen Exorzismus«. Die Welt wird durch zu viel gottgefälliger Moral überschwemmt.

Die Folge ist eine extreme Anarchie, verschiedene Religionen haben ihre eigenen göttlichen Emanationen, Glaubenskriege brechen aus, jeder gegen jeden, der Weltuntergang naht. Eine absolut moralische Welt pervertiert zum Inferno. Am Ende, nachdem alles zerstört ist, fängt das Leben neu an, ohne Energieschwemme. Niccolò Machiavelli hätte seine Freude.

* * *

Eine Moral des Absoluten, alleinseligmachende Lösungen ohne Alternativen führen zwingend ins Verderben. Ideologien mit dem Anspruch auf Unfehlbarkeit führen zu Unfreiheit. Unsere Welt, voll von Aporien, von logisch nicht zu lösenden Dilemmas, braucht Kompromisse und einen ergebnisoffenen Diskurs. Es gibt keine Paradiese der Vollkommenheit, wir werden mit den Paradiesen vernunftgebotener Unvollkommenheiten zu leben lernen müssen.

Immerhin emittiert keine der uns bekannten Formen der Energiegewinnung »Gott in chemisch reiner Gestalt«. Wir bleiben zu Unvollkommenheit verurteilt, keine Moral zwingt uns, vollkommen zu werden. Zum Glück ist nur das CO_2 der Kollateralschaden unserer energiehungrigen Zivilisation, und nicht das göttliche Absolutum mit seinen unerfüllbaren Moralansprüchen. Dieser Umstand ist tröstlich, das Dilemma von Wohlstand und Moral bleibt lösbar.

4

Demokratie und Energie

Im letzten Kapitel habe ich die These formuliert, wonach die politische Freiheit unserer demokratischen Gesellschaft auf einem gesellschaftlich breit gestreuten Wohlstand beruht. Und dass dieser auf die gesicherte Verfügung über reichlich Energie angewiesen ist. Diesen Gedanken gilt es weiter zu vertiefen. Es ist dringend notwendig, die kausale Verbindung zwischen der Produktivität der technisch-industriellen, energiebasierten Wirtschaft und der Liberalität unserer Demokratie zu verstehen - und zwar in beiden Richtungen. Auf das Potential der liberalen Demokratie zur Lösung von gesellschaftlichen Problemen sind wir bei der Beherrschung der inhärenten Aporien der technisch-wissenschaftlichen Zivilisation genauso angewiesen, wie auf die sichere Energieversorgung zu ihrer Erhaltung.

Der Mensch hat zu seiner Existenz schon immer Energie benötigt – seinen tierischen Vorfahren genügten die Kalorien, die sie mit der Nahrung aufnahmen, der Mensch benötigt darüber hinaus zusätzliche Energiequellen. Auf diesen Unterschied zwischen der animalischen und der menschlichen Existenz habe ich schon im letzten Kapitel hingewiesen. Die erste Kulturleistung des Homo sapiens war denn auch die Beherrschung des energiespendenden Feuers. Das Feuer wird in den Sagen des Altertums nicht grundlos als eine Gabe der Götter oder als der Raub eines göttlichen Vorrechts aufgefasst – man denke nur an die Sagen um Prometheus. Der Mensch als Affe, der gelernt hat Wälder zu brandroden für seine Felder, der fähig ist zu kochen und zu braten, um seine Nahrungsaufnahme zu optimieren? Eine wichtige Voraussetzung der keimenden Zivilisation jedenfalls.

Von dieser Erschließung einer ersten Energiequelle führt der Weg über die von Professor Toynbee verdammte Erfindung der Metallurgie im späten Neolithikum bis zur humanistischen Idee, der Ausbeutung versklavter Mitmenschen für Bauten, Verkehrswege und Feldbewirtschaftung abzuschwören und diese in der industriellen Revolution durch Arbeitsmaschinen zu ersetzen, die man mit nichtbiotischer Energie antreiben konnte. Der Mensch musste lernen, mechanische Energie für Transport und Verteidigung und andere Bedürfnisse einzusetzen, thermische Energie für die Zubereitung der Nahrung und für die Verarbeitung von Metallerzen, chemische Energie für seine Sprengstoffe und Düngemittel zu nutzen, oder um Wein zu vergären ... und so weiter, bis zum Energiebedarf für die heutige Digitalisierung der Welt. Man kann die Geschichte der Zivilisation und ihrer Humanisierung als eine Erzählung von der Erschließung immer neuer Energiequellen schreiben, von der eigenen Muskelkraft, über die Kraft der Haustiere und Sklaven, über die Energie der Winde und der Wasserströme, des Holzes und der fossilen Brennstoffe ... bis zur gegenwärtigen Nutzung der militärisch willkommenen aber für zivile Kraftwerke nicht genug geschätzten Kernkraft.[34] Am nächsten Schritt, an der unerschöpflichen Quelle der ›Sonnenenergie aus dem Reaktor‹, an der Fusion

(Verschmelzung von leichten Atomkernen), wird bereits gearbeitet. Ein Verzicht auf die moderne technisch-wissenschaftliche, energieabhängige Zivilisation angesichts der immer noch wachsenden Weltbevölkerung von derzeit rund acht Milliarden Menschen[35] würde nur dazu führen, dass wir weniger Mittel für Naturschutz und sonstige Umweltbelange hätten, als wenn wir unsere technologische, ökonomische und soziopolitische Entwicklung verstärkt weiterführen.

Wo an nichtbiotischer, mechanischer Energie Mangel bestand und die Tiere keinen vollwertigen Ersatz boten, musste man sich durch die Ausbeutung des Menschen behelfen. Die Pyramiden und den Parthenon hatte man mit der Muskelkraft der Sklaven und der Tiere erbaut, und die Produktivität der Baumwollplantagen der amerikanischen Südstaaten wurde durch das Leiden der schwarzen

34 Hier begegnen wir dem selten reflektierten Fakt, dass die historische Entwicklung der Energienutzung stets der Richtung einer zunehmenden Energiedichte folgte – die gleiche Menge der Energie wurde aus einem immer kleineren Volumen resp. Gewicht der Energiequelle gewonnen, bzw. aus einem bestimmten Volumen wurde immer mehr Energie geerntet. Die malerischen Windmühlen hatten kleine Leistung, die Mühle am Bach war besser, Segel wurden bei Schiffen durch Dampf- und später Dieselantrieb ersetzt, ein nukleares U-Boot verbraucht heute minimale Mengen spaltbaren Urans ... Die kritiklose Anbetung der konzentrationsarmen erneuerbaren Energien heute ist im gewissen Sinne eine Regression, ein Atavismus. José Ortega y Gasset bemerkt in diesem Zusammenhang im *Aufstand der Massen* (Stuttgart 1977, S. 109) zutreffend: Das »Neue an jedem ›Anti‹ erschöpft sich in einer leeren Gebärde der Verneinung, und sein positiver Gehalt ist nur – eine Antiquität«. Wenn eine fortschrittliche Technologie nebst der erwarteten positiven Effekte Nebenwirkungen hat, und man deshalb von vornherein gegen die fragliche Technologie ist, bedeutet es, dass man den Status quo ante anstrebt, die alten Verhältnisse, die seinerzeit von der Gesellschaft als unerwünscht erachtet worden sind. Jedes ›Anti‹ muss einem ›Pro‹ weichen, welches nicht nur abreißt, sondern verbessert. Das ist die Idee des Fortschritts.

35 Nach den Prognosen der UN wird die Weltbevölkerung bis auf rund elf Milliarden anwachsen, bevor sie wieder leicht zu sinken anfängt.

Sklaven erkauft. Das Griechenland des Perikles, von Toynbee als jene Gesellschaft angepriesen, wo auf dem Gebiet der materiellen Zivilisation schon ›alles Nützliche‹ erreicht wurde, kannte schon ›Demokratie‹, aber eine solche auf dem Rücken von entrechteten Sklaven. Und das blieb so bis weit in die Neuzeit. Erst die energiedurstigen Arbeitsmaschinen des 19. Jahrhunderts ermöglichten es, die Sklaverei und die Ausbeutung der körperlichen Kraft der Arbeiter wirksam zu ächten und die krassen gesellschaftlichen Unterschiede nach und nach auch reell abzuschaffen. Erst dann konnte man eine freiheitliche Demokratie aufbauen, die ihrem Namen gerecht ist, mit einem Wohlfahrtsstaat, der nach sozialer Gerechtigkeit und Lebensqualität für alle strebt. Zumindest im sogenannten Westen und zunehmend auch weltweit, obwohl es immer noch Berichte über unmenschliche Zustände gibt.

Die Anbetung der paradiesischen Idylle eines Naturzustandes der ›edlen Wilden‹ bei Jean-Jacques Rousseau täuscht. Der Mensch im Einklang mit der jungfräulichen Natur – ein verlockender Zustand, der durch die Zivilisierung, das Privateigentum und die Technik zerstört wurde? Ein romantisches Bild leider, das nicht der Wirklichkeit entspricht. Die fehlende Mechanisierung behinderte nicht das Entstehen vortechnischer Hochkulturen, durchweg autoritärer Systeme, mesopotamischer Despotien etwa, oder ägyptischer Pharaonenreiche. Es war erst das Aufkommen der in den Augen des ökologischen Mainstreams der Gegenwart und der linken Intellektuellen oft als ›unmenschlich‹ geltenden Technik, die Innovation mechanischer, dampfangetriebener Maschinen, die den Menschen von den inhumanen Zuständen befreite. Im gewissen Sinne war die Kohle im 19. Jahrhundert die Treibkraft der Humanität, nur realisierte man damals noch nicht die drohenden klimatischen Folgen.[36]

36 Man könnte folgende These aufstellen: Wenn es auf einem Planeten eines anderen Sonnensystems menschenähnliche, intelligente Lebewesen gibt, muss dort irgendwann auch eine ›erdgeschichtliche‹ Epoche geherrscht haben, in der ›Energiekonserven‹ äquivalent zu unseren fossilen Energie-

Die Verfügung über ausreichende, sorgenfrei verfügbare Energie ist für die liberale Demokratie konstitutiv – wir haben es schon angesprochen. Der Wunsch nach Freiheit und Gleichheit ist uralt, und der Traum von einer demokratischen Gesellschaft wurde seit Urzeiten geträumt. Solange dem Menschen aber nur die Kraft seiner Muskeln, und der Muskeln seiner Mitmenschen und domestizierter Tiere zur Verfügung stand, war an das Überwinden des ›Rechts des Stärkeren‹, an den Verzicht auf eine streng hierarchische Gesellschaftsordnung der Gewalt nicht zu denken – die Schwächeren waren den rücksichtslosen Stärkeren unterlegen. Die Menschen sind, was ihre körperliche Kraft und geistige Beweglichkeit anbelangt, unterschiedlich und die Steinzeit glich eher dem *homo homini lupus* des Thomas Hobbes als dem paradiesischen Zustand der unschuldigen Koexistenz von Löwen und Lämmern bei Jean-Jacques Rousseau. Tiere allein auszubeuten, das genügte nicht, man war stets auf die kognitiven Fähigkeiten des menschlichen Gehirns angewiesen – auch der am wenigsten gebildete Mensch ist immer noch intelligenter und kommunikativer als ein domestiziertes Tier. Man konnte zwar Ochsen zum Ziehen schwerer Steinquader auf den Rampen der ägyptischen Pyramiden oder des Parthenons der Akropolis nutzen, die Tiere mussten aber von Menschen geführt werden, wenn sie die Steine an den richtigen Ort befördern sollten. Zumindest für den kognitiv zu bewältigenden Teil der Arbeit benötigte man menschliche Arbeitskräfte, in den Hierarchien der Gewalt die Sklaven. Und diese konnten beides leisten, denken, die Kraft der Tiere durch die Kraft menschlicher Muskeln lenken und dort, wo Feinmotorik nötig war, ergänzen. Keine Gesellschaft der Antike kam ohne Sklaven aus und Kriege

---

vorräten angelegt worden sind. Ohne die Starthilfe der Natur kann man keine energieintensive Zivilisation entwickeln. Unter der heute akzeptierten Annahme, dass im ganzen Weltall die gleichen physikalisch-chemischen Gesetze herrschen wie auf der Erde, entwickelt sich auch das organische Leben ähnlich und eine Zivilisation entsteht dementsprechend aus der intelligenten Nutzung von Naturressourcen.

und Raubzüge wurden nicht nur wegen der in Aussicht stehenden materiellen oder territorialen Beute geführt, sondern auch wegen des erhofften ›Humankapitals‹ an Sklaven. Die von den Humanisten der Renaissance hochgelobte antik griechische Demokratie eines Perikles galt nur für die Minderheit der freien Athener mit Grundbesitz, die zahlenmäßig überwiegenden Sklaven (und Frauen und Habenichtse) waren ausgeschlossen. Ohne Sklaven – nach diversen Schätzungen oft eine überwiegende Mehrheit der Bevölkerung – lief nichts, wenn die Athener Bürger ihre demokratischen Freiheiten genießen wollten.

Von der Antike bis ins Mittelalter hatten Sklaven und Sträflinge als ›Energiequelle‹ der Galeeren zu dienen. Das unmenschliche Leben der teils angeketteten Ruderer ist bis heute als Metapher für Grausamkeit und Quälerei gebräuchlich. Hätte man nicht auf Galeerensklaven verzichten und stattdessen Segel setzen können? Das war möglich und wurde auch getan, doch die Winde waren der Seefahrt nicht immer günstig und die Galeeren hatten den Vorteil, dass sie sich präziser manövrieren ließen. Auch verfügten die Segelschiffe noch über keine Servomotoren zum Segelsetzen und -bergen, das gefährliche Hochziehen wie Herablassen der schweren Rahsegel war auf die Muskelkraft und die Balancierkünste der *de facto* versklavten Matrosen angewiesen.

Diese Situation bestand noch lange nach dem Aufkommen des Humanismus in der Renaissance, der das Sklavendasein zwar als unmenschlich anprangerte, doch zunächst wenig zu ändern vermochte – man hatte noch keine humane Energie-Alternative zur Ausbeutung der menschlichen Kraft. Die amerikanischen Gründerväter hatten insofern Glück mit ihrem Demokratieexperiment, als der Humanismus nicht nur die Sklavenarbeit verächtlich machte, sondern die dem Humanismus folgende Aufklärung zum Aufschwung der Naturwissenschaft und Technik führte. Es ist beinahe symbolisch:

Das Jahr 1776 erlebte zwei epochale Ereignisse, die Unabhängigkeitserklärung der späteren Vereinigten Staaten von Amerika, der ersten Demokratie der Welt, und die Inbetriebnahme der ersten funktionsfähigen Dampfmaschine der Welt durch James Watt.

Das Jahr 1776 schuf die Voraussetzungen sowohl für die demokratische Freiheit als auch für den späteren materiellen Wohlstand – der seinerseits eine wichtige Voraussetzung der Demokratie ist. Ungewollt entstand dabei die Klimaproblematik. Denn als Brennstoff für die neue Kraftquelle, die Dampfmaschine, wurde die energiereiche Kohle benötigt, die zu der Zeit bereits in den Hochöfen der Eisen- und Stahlepoche Anwendung fand. Das fossile Zeitalter begann zeitgleich mit der Demokratie, die Klimaerwärmung ist ein unvorhersehbarer Kollateralschaden unserer Gesellschaftsordnung. Ein sehr schwerwiegender.

Müssen wir deshalb schlechtes Gewissen haben? Liefert die Mechanisierung des 19. Jahrhunderts den Schlüssel zum Verständnis der diagnostizierten Bußbereitschaft unserer Zeit? Nein, als Demokraten sollten wir wegen des eingeschlagenen Technologiepfades kein schlechtes Gewissen haben – auch wenn es uns unsere politisch grüne Jugend laufend vorwirft. Unsere Vorfahren hatten schlicht und einfach keine andere Wahl, wenn sie der vorindustriellen Misere entgehen wollten. Wenn wir uns etwas vorzuwerfen haben, dann dass wir so lange gezögert haben, bis wir das CO_2-Problem angegangen sind. Der Treibhauseffekt war der Naturwissenschaft schon Mitte des letzten Jahrhunderts breit bekannt, auch wie dringlich es ist, ihn zu bekämpfen.[37] Aber der Mensch ist keine

37 In Kapitel 3, »Wohlstand und Moral«, erwähnte ich, dass sogar ein Humanwissenschaftler, der Historiker Toynbee, vor der Ausbeutung der Naturressourcen und der *Belastung der Atmosphäre* als Folge der neolithischen Metallurgie-Revolution gewarnt hat. Und der meteorologische Treibhauseffekt wurde schon Ende des 19. Jahrhunderts wissenschaftlich beschrieben.

Spezies, die sich von bloß antizipierten Problemen motivieren ließe; er muss die kommende Problematik bereits schmerzhaft spüren, bevor er politisch reagiert.

Die demokratische und die industrielle Revolution begannen zum Glück zur gleichen Zeit. Die Erschließung der mechanischen Kraft erlaubte, das Versprechen der Humanität, die Menschenwürde und das Ende der Sklavenarbeit, einzulösen. Ohne das unerwartete Geschenk der ersten großtechnisch nutzbaren nichtbiotischen Energiequelle hätte das demokratische Experiment kaum überdauert. Man kann die gewagte These aufstellen, dass ohne die anbrechende Maschinenzeit die amerikanische Revolution den Weg aller Volksaufstände des Mittelalters gegangen wäre – nämlich zur Restauration der alten monarchischen Ordnung mit neuen Autokraten, und nicht zur Demokratie. Die Industrialisierung des amerikanischen Nordens erlaubte es denn auch, im Sezessionskrieg 1861–1865 die Macht der von der Sklavenwirtschaft abhängigen Südstaaten zu brechen, und die Sklaverei definitiv abzuschaffen.

Auch die weitere Entwicklung der liberalen Demokratien zu unserem sozialen Wohlfahrtsstaat konnte nur dank der ausreichenden Versorgung der Industrieproduktion, des Verkehrs, der Distribution, Administration, Medizin usw. mit kostengünstiger Energie erfolgen. Bis zum heutigen Energiebedarf für alle unsere Handys und Tablets, Zahnbürsten und Espressomaschinen und *Street Parades* ...

* * *

Man kann zwar die aus der heutigen Perspektive überflüssige Frage stellen: Hätte man die verhängnisvolle Entwicklung vermeiden können, hätte man um 1800 nicht ›etwas warten‹ können, bis die Wissenschaft und Technik andere Energiequellen erschlossen hätten? Wie alle Konjunktive bringt eine solche Frage außer der intellektuellen Befriedigung zwar nur wenig Nutzen. Versuchen wir, sie trotzdem zu beantworten.

Die Antwort ist ein dezidiertes Nein. Unsere heutige Welt wäre ohne den Umweg über die Epoche der Kohlenutzung und später den Einsatz der übrigen fossilen Brennstoffe nicht zustande gekommen. Wie jedes Lebewesen nutzt auch der Mensch die Möglichkeiten, die ihm die Natur bietet – ohne einen ›Fußabdruck‹ in der Natur könnte er nicht existieren. Die thermomechanische Kraft aus Kohle stand wie gesagt ab 1776 zur Verfügung, lange bevor es dazu Alternativen gegeben hat. Selbstverständlich verfügte man über die Wasserkraft, die auch genutzt wurde – wenn auch technisch bedingt noch mit einem sehr kleinen Wirkungsgrad. Dasselbe gilt für die Kraft der Winde, die in der Segelschifffahrt zwar großtechnisch genutzt wurde, aber das Problem hatte, nicht durchgehend verfügbar zu sein. Und die Physik, Chemie und die wissenschaftlich gestützte Technik standen erst am Anfang ihrer Entwicklung, an Solarpaneele war noch lange nicht zu denken.

Hätte man mit der gesellschaftlichen Entwicklung nicht warten können, bis umweltfreundliche Lösungen vorhanden waren? Ich möchte nicht dem von Karl Popper angeprangertem Historizismus verfallen und behaupten, dass historische Abläufe einem vorbestimmten Ziel folgen. Aber unverkennbar ist, dass der Mensch stets auf die Verbesserung seines Befindens, die Befriedigung seiner Bequemlichkeit, für seine Sicherheit und auf ein leichteres Lebens hin arbeitet und die Geschichte folglich in dieser Richtung verläuft. Zumindest lässt der Mensch keine Gelegenheit ungenutzt, wenn sich neue Mittel und Wege zur Erfüllung seiner Wünsche öffnen. Der asketische Verzicht mag einigen ›Erleuchteten‹ gegeben sein, nicht aber uns Durchschnittsmenschen.

Vergegenwärtigen wir uns, dass zu Beginn des 19. Jahrhunderts lediglich die Mechanik und die Thermodynamik über brauchbare wissenschaftliche Grundlagen verfügten, die Elektrizität befand sich zur Zeit der amerikanischen Revolution im Zustand der unverstandenen Kuriositäten. Luigi Galvani unterhielt die Damen der Bologneser Gesellschaft 1792 mit seinen Experimenten zu ›animalischer Elektrizität‹ von zuckenden Froschschenkeln. Alessandro Volta erkannte zwar, dass dabei die Potentialunterschiede der zwei metallischen Kontakte im Spiel waren, und konstruierte um 1800 eine erste elektrische Batterie, die aber zunächst ein bizarres Spielzeug blieb. Erst mit dem Namen von Thomas A. Edison kommt 1880 die Elektrizität in das Stadium der Marktfähigkeit. Um seine Glühbirne zu vermarkten, musste Edison die Haushalte mit Strom versorgen, und so etablierte er in New York in den 1880er Jahren das moderne System der Stromverteilung – die erste dezentralisierte Verfügbarkeit über ausreichende Mengen von Energie. Als Stromquelle dienten Blockkraftwerke mit einer Dampfmaschine zum Antrieb eines Stromgenerators, das lokale Mikro-Netz hatte die bis heute in den USA übliche Spannung von 110 Volt[38] und war deshalb jeweils nur für kleine Distanzen geeignet.

Erst mit der Verbreitung der von Werner von Siemens erdachten, für Stromerzeugung seiner Zeit revolutionären Dynamomaschine und der Innovation von Überlandleitungen für hohe Spannungen konnte man sich an den Aufbau größerer Netze wagen. Theoretisch hätte man ab Beginn des 20. Jahrhunderts, über hundert Jahre nach der Geburt der demokratischen Gesellschaftsordnung, den Dynamogenerator mit einer Wasserturbine koppeln und den ersten CO_2-freien elektrischen Strom großtechnisch produzieren können.[39] Hätte man so lange warten sollen, statt die Blockkraftwerke mit Kohlebetrieb zu bauen? Kein Politiker hätte es sich

38 Es hat alles eine Erklärung: Edison konnte nicht auf heutige Kabel und Drähte mit perfekter Isolation zurückgreifen, er musste ja von der Pike auf alles neu erfinden. Und die verhältnismäßig kleine Spannung von 110 Volt resultiert daraus, dass damit tödliche Unfälle bei der Berührung der damals noch schlecht isolierten Hausinstallationen vermieden werden konnten.

39 In der Schweiz, einem Land ohne Kohlevorräte, hat man dies denn auch früh getan. Bereits im 19. Jahrhundert wurden einige Lokalbahnen durch Wasserkraftwerke elektrifiziert, der Mangel an Kohle im Ersten Weltkrieg führte dann zur forcierten Elektrifizierung von staatlichen Bahnlinien – 1928 war bereits die Hälfte der SBB-Strecken elektrifiziert, darunter die ganze Gotthardbahn. Weil man in den 1960er Jahren mangels einheimischer Kohle auf die Kernkraft setzte, bestand die Stromversorgung der Schweiz um 1990 zu rund 60 % aus Wasserkraft und 40 % Kernenergie und war somit im Betrieb CO_2-frei.

um 1800 leisten können, der Bevölkerung das von der Dampfmaschine versprochene wirtschaftliche Wachstum vorzuenthalten – auch wenn er die prophetische Gabe gehabt hätte, die technologischen Durchbrüche und den Treibhauseffekt unserer Atmosphäre vorauszuahnen. Und außerdem war die Topographie zum Bau von hydraulischen Kraftwerken nicht überall geeignet. Die Maxime der neuen demokratischen Ordnung lautete, das Volk hat das Recht auf das Streben nach Wohlsein und die Besserung seines materiellen Standards, das in der Unabhängigkeitscharta der USA verbriefte Recht auf *pursuit of happiness*. Und diesem Recht war das Handeln der Regierung verpflichtet. Es hat sich damals selbstverständlich niemand diese Gedankengänge *in extenso* gemacht, die Gründerväter der jungen Demokratie hatten andere, dringendere Probleme. Aber nochmals – die Klimakrise ist der Kollateralschaden des Rechts auf *pursuit of happiness*.

Und so hat sich eine realistische Chance für den Schritt in Richtung CO_2-freie Stromversorgung erst 1956 geboten, als die USA die treibhausfreie nukleare Technologie für den zivilen Gebrauch freigegeben haben – wie sich heute zeigt, etwas voreilig. Damals war der Treibhauseffekt bereits den Politikern bekannt, auch seine Auswirkungen auf die Erderwärmung. Es gab ernst zu nehmende Vorschläge, die Stromversorgung vollständig auf Kernkraftwerke umzustellen und parallel dazu die Abwärme der Kraftwerke im Sinne der Wärme-Kraft-Kopplung für ausgedehnte Fernheiznetze zu nutzen. Man träumte von einer CO_2-armen Strom- und Wärmeerzeugung, etwa von ›Zürich ohne Kamine‹ ... In Bezug auf die Stromversorgung wurden die Möglichkeiten denn auch realisiert, heute stehen mehrere Hundert Kernkraftwerke im Betrieb. Doch spätestens der Tschernobyl-Unfall 1986 in der damaligen Sowjetunion und der Tsunami von Fukushima 2011 in Japan,[40] vorher schon die Nähe der Kernenergie zu den Nuklearwaffen und die

40 Es ist interessant sich zu vergegenwärtigen, dass es sich bei allen Unfällen – auch bei dem letzten in Fukushima Daiichi – um Reaktoren handelte, die vor dem Jahr 1982 gebaut worden sind. Kein später erbauter Reak-

von der Bevölkerung unverstandene Problematik der Entsorgung radioaktiver Abfälle[41] haben die ursprüngliche Akzeptanz zu einem entschiedenen Widerstand umkippen lassen. Statt die Technologie weiterzuentwickeln und noch sicherer und robuster zu machen, verzichtete man auf ihren Einsatz – obwohl die Forschung Lösungsansätze präsentierte. Heute erlebt die Kernenergie eine zaghafte Renaissance. In mehreren Ländern wird ihr Potential für die Lösung der Klimakrise zielstrebig realisiert, weil der in den letzten Jahren weiterentwickelten Reaktortechnologie neue Chancen eingeräumt werden. Und weil die Abhängigkeit von Energiequellen aus totalitär regierten Staaten die Verletzlichkeit der freien Demokratien offenbarte. In anderen Ländern droht das Beharren auf antinuklearen Dogmen den Anschluss zu verpassen.

Das Fazit dieser Überlegung? Zu vermeiden war der Einsatz der Primärenergieträger Kohle und später Erdöl und Erdgas nicht, wenn man die Dynamik der Hoffnung auf den materiellen und sozialen Fortschritt in einer demokratischen Gesellschaft in Rechnung stellt. Ob man psychohygienisch besser gefahren wäre, wenn man dem Fortschrittsdrang abgeschworen hätte zugunsten Toynbees Technikscheu und Askese, das ist eine müßige Frage. Immerhin steht der enorme Nutzen einer durch den unvermeidlichen CO_2-Ausstoß erkauften historischen Entwicklung außer Frage; man muss nur den bis heute erreichten sozialen Fortschritt mit den Zuständen um 1800 oder 1900 vergleichen. Trotz der Aufgabe, die wir uns und unseren Enkelkindern dabei eingebrockt haben. Unsere Ahnen haben nicht gesündigt, als sie mit der Ausbeutung der

---

tor bereitete sicherheitstechnische Probleme. Wie jede neue Technologie benötigte auch die Nukleartechnik eine gewisse Reifezeit.

41 Das eigentliche Problem der Kernenergie ist die extrem hohe Energiedichte im Reaktor. Der Abfall ist dagegen praktisch energielos. Er kann nicht ›explodieren‹ und kann von der Biosphäre heute technisch gut isoliert werden – durch Einbringen in stabile geologische Formationen dann auch für die Dauer der ›geologischen Zeiträume‹, welche die Halbwertszeiten des Materials mit sich bringen.

fossilen Energiequellen begonnen haben, die aufkommende liberale Demokratie wäre ohne diese Energiequelle nicht lebensfähig gewesen und hätte kaum den amerikanischen Sezessionskrieg überstanden, in dem es im Wesentlichen um die Abschaffung der Sklaverei gegangen ist.

Ein Grund für schlechtes Gewissen besteht nicht – wohl aber dafür, an der Bewältigung der Erderwärmung tatkräftig und mit Stolz für die bisherigen Leistungen der liberalen Demokratie zu arbeiten. Ohne unangebrachte Reue.

* * *

Eine interessante Parallele ist nachzutragen. Weiter oben habe ich erwähnt, dass Thomas A. Edison um 1880 in New York das moderne System der Stromverteilung erfunden und damit die erste *dezentralisierte* Verfügung über ausreichende Mengen von Energie ermöglicht hat. Man verbindet mit dem Namen Edison die Erfindung der Glühbirne, das stimmt selbstverständlich, aber was nützt einem eine elektrische Lampe, wenn es im Zimmer keine Steckdose gibt, an der man sie anschließen kann? Edisons eigentliche, paradigmatische Innovation war die *Dezentralisierung der Elektrizitätsversorgung*, und damit auch die Dezentralisierung der Energie.

Im Mittelalter wurde in Städten am Wasserlauf mit ausreichendem Gefälle oft ein Teil des Wassers durch eine Schwelle im Hauptstromlauf in einen Kanal abgezweigt und als Oberwasser parallel zum Unterwasser des Hauptstroms geführt. Im Landstreifen dazwischen siedelte man Handwerker an, die das Gefälle zwischen Ober- und Unterwasser mit Wasserrädern als Energiequelle nutzten konnten. Später lieferte die Dampfmaschine mächtige Rotationsenergie, die durch Transmissionswellen hoch unter der Werkhallendecke zu den einzelnen Maschinen geleitet wurde, die über Flachriemen und Riemenscheiben mit dem Antrieb verbunden waren – wir können heute in technischen Museen diese schwerfällige und unfallträchtige Kraftverteilung bewundern. Das gemeinsame Merkmal der vor- und frühindustriellen Energieversorgung war, dass sich der Verbraucher *zur Energiequelle hin* bequemen musste. Mit der Erfindung des elektrischen Netzes konnte die Energie *zum Verbraucher hin* geführt werden, per Kabel und ohne große Transmissionen, in den erforderlichen Mengen – groß für schwere Drehbänke, Stanzen oder Pressen, klein im Haushalt, vom Herd, über den Staubsauger bis zum Ladegerät einer Zahnbürste oder des Smartphones.

Interessant waren die unerwarteten – und meist unbeabsichtigten – gesellschaftlichen Auswirkungen der *Dezentralisierung der Energie*. Die nun möglich gewordene Mechanisierung und somit Vereinfachung der Hausarbeiten führte in letzter Konsequenz dazu, dass der früher omnipräsente Beruf des Dienstmädchens praktisch ausgestorben war,[42] denn auch in bessergestellten Familien des Mittelstandes kann man nun die Haushaltsarbeit weitgehend selbst besorgen. Die Dezentralisierung der Energie beeinflusste die abendländische Zivilisation und Kultur.

Die Digitalisierung der Gesellschaft zeitigt eine bemerkenswerte Analogie. Als Assistent zu Beginn der 1960er Jahre musste ich mich mit meinen Rechenproblemen zu einem zentralen Computer im Kellergeschoss des Instituts begeben, mit einem Stoß von Lochkarten mit Inputdaten ausgerüstet und mit einer wertvollen Stunde zugeteilter Rechnerzeit – heute hat mein Tablet mehr Rechenleistung als der Mainframe von damals. Wir erfahren gegenwärtig mit der Digitalisierung der Datenverarbeitung und mit der Künstlichen Intelligenz eine ›Dezentralisierung der Intelligenz‹, deren Auswirkungen diejenigen der Dezentralisierung der Energie übertreffen werden. Ein US-Amerikaner verbringt heute täglich »satte 9 ¾ Stunden« am Fernseher, Computer und Smartphone – besonders das Letztere trägt zu diesem Konsum überdurchschnittlich bei. Es ist verständlich, dass dann kaum noch Zeit für andere Aktivitäten bleibt. So verbringen Jugendliche und junge Erwachsene nur rund

42 Die Redaktion der *Neuen Zürcher Zeitung* überschrieb einen meiner Artikel über unerwartete Auswirkungen technischer Innovationen mit »Elektrische Steckdosen statt Dienstmädchen« (NZZ Nr. 174, 30.07.1986, S. 48).

sechs Minuten täglich mit Freizeitlektüre.[43] Dies betrifft nur den Einfluss auf die Gesellschaft, Maryanne Wolf vermutet sogar Auswirkungen auf unsere Anatomie, was sie in den schönen Worten »*Wir Menschen sind keine geborenen Leser*«[44] zusammengefasst hat. Hat die Dezentralisierung der Energie die soziale Seite unserer Gesellschaft beeinflusst, so dürfte die Dezentralisierung der Intelligenz bis in die Physiologie des Gehirns eingreifen.

Das Gehirn erwarb während seiner biologischen Entwicklung neben dem Sehen auch die Fähigkeit der Sprache – schon die Tiere können untereinander komplexe akustische Signale austauschen. Das Schreiben und Lesen, also zunächst die Nutzung der hieroglyphischen Bilderschrift und später der Erwerb der Fähigkeit, die Phoneme der Sprache durch graphische Symbole abzubilden, zu schreiben und zu lesen, ist erst einige Tausend Jahre alt. Schon das Sprechen ist deshalb in der Physiologie des Gehirns nur rudimentär verankert – ein Kind ist zwar von der Geburt an verschiedener Laute fähig, das artikulierende Sprechen muss es aber noch lernen. Und das Schreiben und Lesen ist eine späte kulturelle Leistung und in den Verschaltungen der Neuronen des Gehirns nicht vorgesehen – der Mensch muss es in der Schule ›von der Pike auf‹ lernen. Es ist nicht zu erwarten, dass unsere Gehirnwindungen von unserer ›Schriftlichkeit‹ bereits epigenetisch geprägt worden sind. Die erwähnte Dezentralisierung der Intelligenz trifft auf diese labile Situation und gefährdet die fortgesetzte Kulturfähigkeit der *deep literacy.*

In Afrika bestanden bis in die Moderne noch orale Kulturen und die fehlende Schriftlichkeit war kein Hindernis für ein hohes Kulturniveau. Mit dem 1991 verstorbenen Amadou Hampâté Bâ[45] ver-

43 Carr, Nicolas: *The Shallows. What the Internet Is Doing to Our Brains.* 2nd Edition, New York 2020, S. 227.

44 Wolf, Maryanne: *Schnelles Lesen, langsames Lesen.* München 2019, S. 10 (Orig. engl. *Reader, Come Home. The Reading Brain in a Digital World*, New York 2018).

45 Hampâté Bâ, Amadou: *Jäger des Wortes. Eine Kindheit in Westafrika.* Wuppertal 1993 (Orig. frz. *Amkoullel L'Enfant Peul.* Arles 1991).

schwand einer der letzten Zeugen dieser Kultur. Es ist interessant, seine Erinnerungen zu lesen, vor allem seine Beobachtung, dass mit dem Aufkommen der Schriftlichkeit bei der Modernisierung Afrikas die alten oralen Fähigkeiten verloren gegangen sind: »Mit jedem Greis, der in Afrika stirbt, verbrennt eine nicht ausgeschöpfte Bibliothek« (S. 451). Hampâté Bâ erlebte noch die Vorteile der Schriftlosigkeit, die Fähigkeit zu memorieren, lange Texte zu rezitieren, den daraus resultierenden Schutz vor dem Verlust eigener Identität – Schriftstücke, Urkunden können gestohlen und vernichtet werden, Erinnerungen nicht. »Daß es keine Schrift gab, hat Afrika also niemals seiner Vergangenheit, seiner Geschichte und Kultur« berauben können. »Die Schrift ist eine Sache und das Wissen eine andere. Die Schrift ist die Fotografie des Wissens, aber nicht das Wissen selbst« (S. 212). Dies ist in unserem Kontext der Dezentralisierung der Intelligenz von Interesse: Wir speichern unser Wissen, unsere Kultur schriftlich, in Büchern, die man *in natura*, auf Papier lesen kann, langsam, in die Tiefe des Gedankens versunken – Wolf nennt es *deep literacy* oder *deep reading*, das versunkene, selbstvergessene Lesen, die mentale Auseinandersetzung mit den Gedanken des Autors. Noch die Boomer-Generation musste sich ›zum Bücheregal‹ bequemen, um ihren Lesestoff zu behändigen. Und dieses Lesen droht uns in unserer digitaler Zeit der Tweets und Pics, der Abkürzungen und Emojis, die wir jederzeit auf unser Handy bekommen, zu entgehen. Jugendliche, die *social media* gewohnt, lesen praktisch keine längeren Texte – Maryanne Wolf bringt das schöne Beispiel einer kontemporären *social media*-Antwort auf eine unerbetene Nachricht: »tl;dr« (*too long; didn't read*). Auch wir älteren ›Leseratten‹ beobachten den Verlust der Fähigkeit, sich lange zu konzentrieren, unsere Aufmerksamkeitsspanne wird kürzer. Die Videos der Werbespots verpacken ihre 20-Sekunden-Geschichten in kürzeste Sequenzen und trainieren unsere Art, Nachrichten zu rezipieren, auf das Konsumieren dieser Eindrucksfetzen, die nur noch unterbewusste Reize hinterlassen. Der nicht auszuschließende Verlust der *deep literacy* würde nicht ohne Einfluss auf unsere Kultur, auf unser Denken, auf unsere Art, Probleme zu lösen, bleiben.

Wird ein Rezensent in einigen Jahren das Ableben des letzten *deep reader* mit dem Nachruf versehen: »Mit jedem Greis, der im Abendlande stirbt, verbrennt seine leider nicht mehr lesbare Bibliothek«?

* * *

Der sprichwörtlich geneigte Leser, die kritische Leserin werden sich fragen, warum diese lange Abschweifung? Wo liegt der Bezug des Exkurses über *deep literacy* zum Koordinatendreieck Demokratie–Wohlstand–Energie unserer Betrachtung?

Es gibt einen direkten Link zwischen unserer Fähigkeit, abstraktes Denken durch anspruchsvolle Lektüre zu trainieren, strategische Maximen hinter politischen Überlegungen zu erkennen und unserer anspruchsvollen Gesellschaft der liberalen Demokratie. Wir haben realisiert, dass die technisch-wissenschaftliche Zivilisation in der Lage ist, uns alle mit den zum Wohlstand gehörenden Geräten und Einrichtungen auszustatten, ohne von uns das tiefere Verständnis der Funktion dieser Geräte einzufordern – wir haben die Verantwortung für das Funktionieren unserer materiellen Welt an die jeweiligen Experten abgetreten. Unsere User-Ignoranz stört uns dabei nicht. Das gesellschaftliche System unserer liberalen Demokratie dagegen ist fragil und beruht darauf, dass seine Grundlagen von einem ausreichend breiten Teil des Volkes verstanden, gewünscht und beschützt werden, dass die freiheitlichen »politischen Strukturen in den Herzen [des Volkes] Wurzeln schlagen«[46] (Einfügung E. K.). Und das geht ohne ein tiefes Verständnis für die zugrundeliegenden Ideen und Werte der Demokratie nicht.

46 Borkenau, Franz: *Ende und Anfang. Von den Generationen der Hochkulturen und von der Entstehung des Abendlandes* [1984]. Stuttgart 1991, S. 261. Vgl. auch Kowalski, Emil: *Liberté, Egalité, Fragilité. Über die Zerbrechlichkeit der Demokratie*. Berlin 2019.

Demokratie ist ein Regierungssystem, in dem die souveräne Macht von unten[47] nach oben ausgeübt wird, und nicht von einem gottgegebenen Monarchen von oben nach unten – was an die kognitive Kompetenz des Volkes in Sachen Demokratie hohe Ansprüche stellt. Eine eingehende Analyse der Beziehung zwischen der *deep literacy* und dem politischen System der liberalen Demokratie findet sich in einem Beitrag von Adam Garfinkle:[48]

> »Deep reading has in large part informed our development as humans [...]. And it is what ultimately allowed Americans to become ›We, the People‹, capable of self-government. If we are losing the capacity for deep reading, we must also be prepared to lose other, perhaps even more precious parts of what deep reading has helped to build. [...] This is where the moral basis for modern liberal democracy comes from, and without the spread of deep literacy, it likely doesn't come at all. It is simply not possible to build a bourgeois economy and society without enough people who are literate and numerate to operate them«.

Die Herausforderung der liberalen Demokratie durch die fortschreitende Digitalisierung unserer Kommunikation ist nicht zu unterschätzen.

47 Die Präambel der Verfassung der USA beginnt mit dem stolzen »We, the people«. Unter dem gleichen Namen besteht ein Bildungsprogramm für alle Schülerinnen und Schüler der USA, angepasst an die jeweilige Schulstufe.

48 Garfinkle, Adam: *The Erosion of Deep Literacy*. In: National Affairs, Nr. 52, Summer 2022. https://www.nationalaffairs.com/publications/detail/the-erosion-of-deep-literacy (abgerufen 15.09.2022)

5

Wohlstand und Demokratie

Ein Dreieck liegt unserer Untersuchung zugrunde, ein Dreieck aus Demokratie, Wohlstand und Energie. Drei Begriffe, die sich gegenseitig bedingen und beeinflussen. Nur einer davon ist exakt messbar, die Energie. Demokratie und Wohlstand sind letztlich nur subjektiv zu bewerten, auch wenn man zu ihrer quasiobjektiven Beurteilung gerne verschiedene quantitative Größen, Punkteskalen, Indizes u. Ä. verwendet.

Trotzdem maßen wir uns an, objektive Aussagen zu machen, wie etwa meine eingangs des Essays gemachte Behauptung, dass der heutige Wohlstand der westlichen Welt historisch einmalig ist. Das trifft zwar für die meisten quantifizierbaren Indikatoren zu, aber der Wohlstand ist letztlich stets subjektiv, insbesondere seine individuelle Bewertung. Was »dem einen sin Uhl, ist dem andern sin Nachtigall«, wie die Redewendung sagt, des einen Wohlstand mag des andern Mangel bedeuten. Zwischen der Zufriedenheit mit dem herrschenden Zustand und dem Empfinden des Wohlstands besteht eine enge Verbindung, wie bereits der Wortteil ›Wohl‹ suggeriert. Und das Wohlbefinden, die Zufriedenheit, das Glücksempfinden ist schon grundsätzlich nicht quantifizierbar.[49]

Die Väter der US-amerikanischen Verfassung, die Autoren der *Federalist Papers*, wussten von der Unmöglichkeit der eindeutigen Definition dessen, was von uns Menschen gewünscht wird, und behalfen sich mit der Formulierung *pursuit of happiness. Happiness*, ein schwer übersetzbarer Begriff, den jedoch jedermann versteht. Politik braucht unscharfe Begriffe, die jeder mit seinen Vorstellungen füllen und subjektiv interpretieren kann – nur so kann man hoffen, sich zu verständigen. Werner Heisenberg, als theoretischer Physiker gewöhnt an exakte Begriffsabgrenzungen der mathematischen Physik, pflegte die unscharfen Begriffe des Lebens in solche zu unterteilen, »über die man sich einigen kann«, und jene, »die etwas bedeuten«.[50] *Happiness*, Freiheit, Gleichheit ... sind Begriffe, die etwas bedeuten. Ich verwende hier den Begriff Wohlstand auch eher im Sinne des Wohlbefindens, der Zufriedenheit mit dem Erreichten, als im Sinne einer messbaren Größe wie Bruttosozialprodukt, über die man sich (quantitativ) einigen kann.

Die Verfassung der USA, ja bereits die Unabhängigkeitserklärung von 1776 proklamieren das grundlegende Freiheitsrecht des *pursuit of happiness*, das Recht auf das Streben nach dem Wohlbefinden, ohne vorzuschreiben, was darunter genau zu verstehen ist,

---

49 Obwohl wir laufend gebeten werden, unsere Zufriedenheit mit diesem Produkt oder jener kommerziell erbrachten Dienstleistung »auf einer Skala von 0 bis 5« zu bewerten. Auch der Versuch von Geheimrat Goethe, das Glücksgefühl der Zecher im Auerbachs Keller (*Faust 1*) zu quantifizieren, überzeugt nur mäßig: »Uns ist ganz kannibalisch wohl, als wie fünfhundert [sic!] Säuen«.

50 Zitiert in Weizsäcker, Carl Friedrich von: *Wahrnehmung der Neuzeit*. München 1983, S. 136.

ohne einen bestimmten Inhalt des Begriffs *happiness* festzulegen. Das hat weitreichende Konsequenzen, die Zukunft des Staatswesens bleibt bei einer solchen Rechtsetzung offen. Das politische System der Demokratie gibt »liberal nur noch den institutionellen Rahmen für individuelles Glücksstreben« vor, »die Frage nach der gerechten Ordnung, dem guten Leben«[51] wird ausgeklammert und muss stets neu überlegt und beantwortet werden. Im Gegensatz zu paternalistischen, dirigistischen oder anderen ideologisch fundierten Systemen besteht kein fixiertes Ziel wie etwa ›der Aufbau des Kommunismus‹ oder ›das Erreichen einer Zero-Carbon-Gesellschaft‹, dem alles Tun und Trachten zu unterordnen ist – die Ziele müssen im Diskurs, im Dialog der Regierten mit den Regierenden erarbeitet werden. Sie bleiben vorläufig und können stets modifiziert werden, wenn sich die Vorstellung der Menschen von ihrer *happiness* ändert. Die Regierung hat sich *de facto* der Steuerung des Staatsschiffs durch die Launen der Volkswünsche ausgeliefert, die sie immerhin zu beeinflussen versucht, die sie durch die Trägheit der Gesetzgebung glättet und die sie durch die zweckmäßige Verteilung ihrer Gunst – sprich Subventionen, Ausgestaltung der Steuergesetze, Wahlgeschenke – aufzufangen trachtet.

Es ist wichtig, dies zu realisieren. Demokratie ist nicht nur das Recht, von Zeit zu Zeit zu wählen respektive abzustimmen. Es ist eine Regierungsform des permanenten Gesprächs im Parlament, über Medien, in den politischen und vorpolitischen Bürgerorganisationen und Körperschaften oder in Nichtregierungsorganisationen und bisweilen auf der Straße. Es ist eine Regierungsform der permanenten Zielsuche. Getroffene Entscheidungen stehen weiterhin zur Diskussion, sie können einem neuen Kenntnisstand unter Einhaltung der beschlossenen staatsrechtlichen Verfahren stets angepasst werden, neue Ideen sind zugelassen, mit der Ausnahme der Bestrebung, die Demokratie selbst abzuschaffen. Und das gilt

51 Zehnpfennig, Barbara in der Einleitung zu den *Federalist Papers*, deutsche Ausgabe, München 2007, S. 1.

sowohl für die Ziele, die Verfahren ihrer Festlegung, wie für die Vorgehensweise zu ihrer Erreichung.[52]

Hier ist die Nähe der liberalen Demokratie zu freier Marktwirtschaft zu verorten, denn auch der Markt ist ein potentes Mittel – das einzig mögliche! – zur Zielfindung in einer multipolaren, individualistischen Gesellschaft ohne einen »institutionellen Rahmen für individuelles Glücksstreben«. Der freie Markt ist ja das Synonym eines offenen Systems für den Austausch von Waren und Dienstleistungen, genauso wie das politische System der Demokratie in ihrer liberalen Form synonym ist mit einem offenen System für die Ermittlung der Ziele der Gesellschaft und den Austausch der Vorstellungen über die Wege zu ihrer Erreichung. Die Offenheit, die Flexibilität der Systeme ist einerseits Garant für den gesellschaftlichen Fortschritt respektive für eine Entwicklung, die man nachträglich für einen Fortschritt halten kann. Anderseits bildet die Offenheit des Systems das Einfallstor für populistische Verführungen, Irrationalitäten und Verschwörungstheorien und falsche Einschätzung von Risiken und Chancen. Diese immanente Unsicherheit ist nur zu ertragen, weil und wenn die Wirtschaft ausreichend leistungsfähig ist, um einiges an Leerlauf auszuhalten, und dazu über ausreichende und sichere Versorgung mit Energie verfügt. Womit wir wieder bei der technologisch-wirtschaftlichen Basis der Demokratie angelangt sind.

* * *

Ich versuche diese Mechanismen verständlich zu machen, weil sie im Zusammenhang stehen mit unserer Frage nach einem potenziellen Optimum der menschlichen Ansprüche an die Natur – ob

---

52 Wir konnten das exemplarisch beobachten, als in der ›Zeitenwende‹ der Ukrainekrise 2022 die Deutsche Koalitionsregierung ihre ›heiligen‹ Prinzipien von heute auf morgen zugunsten eines pragmatischen Vorgehens in der Verteidigungs-, der Umwelt- und der Energiepolitik korrigieren musste – wenn auch nicht konsequent und in sich widerspruchslos.

es ein solches Optimum überhaupt gibt, das wir als Ziel für unsere Zivilisation setzen und auf das hin wir unser Verhalten ausrichten könnten, oder ob unsere Entwicklung immer offen bleiben muss. Unsere Staatshäupter, die Exponenten internationaler Organisationen und andere Vordenker unterlassen nie, uns daran zu erinnern, dass wir ohne Änderung unseres Lebensstils die Klimakrise nicht meistern werden, ohne die Absage an unsere hedonistische Lebensweise das natürliche Gleichgewicht irreversibel stören werden. Auf was alles müssten wir verzichten, um das Gleichgewicht zu erhalten? Wie weit müssten wir unser Verhalten ändern, um die Schädigung des Klimas aufzuhalten? Lassen sich die Ansprüche beziffern? Gibt es einen definierbaren Zustand, der uns guttäte? Auch wenn es einen solchen Zustand gäbe, wird er nicht durch die Vorgabe irgendeiner Macht, irgendwelcher übergeordneter Vordenker definiert, er muss vielmehr in der freien Auseinandersetzung der Bürger der Demokratie untereinander gefunden werden, in der Suche nach einem Ausgleich zwischen den divergierenden Wünschen nach Wohlstand und anderen Prioritäten und Vorgehensvorschlägen aus der Mitte der Gesellschaft.[53] Schon die Geburt der demokratischen Strukturen erfolgte durch eine Diskussion in den *Federalist Papers*.

Ideologien haben solch klare Ziele, an denen nicht zu rütteln ist, Bilder einer optimalen Zukunft, einer statischen, absolut determinierten Zukunft, für die es sich lohnt zu kämpfen und Entbehrungen zu ertragen[54] – dies im Gegensatz zu liberaler Demokratie,

53 Selbstverständlich fließen dabei viele *individuelle* Überlegungen ein und beeinflussen das Ergebnis, das ist ja Zweck der erwünschten Meinungsfreiheit. Würde ich nicht hoffen, dass *meine* Überlegungen substanziell richtig sind und die Diskussion beeinflussen können, so würde ich dieses Essay nicht schreiben.

54 Die grün-linken Kreise fokussieren primär auf PV und Windenergie, beides Energiequellen mit äußerst kleiner Energiedichte. Ihre Anlagen belegen folglich große Teile der bereits stark beanspruchten Fläche unserer westlichen Länder. Ich postete dazu in LinkedIn eine kurze Notiz und bekam von einem offensichtlich angesprochenen Anhänger der Grünen eine

welche den konkreten Inhalt der erstrebten *happiness* offen lässt. Gerhard Szczesny hat seine eloquente Kritik der Ideologien mit dem Titel *Das sogenannte Gute* überschrieben.[55] Es ist eine der wenigen Apologien der Unvollkommenheit – die Ideologien, denen stets etwas Utopie innewohnt, streben nach Vollkommenheit und scheitern an der Realität des unvollkommenen Menschen. Das angestrebte ›Gute‹ mutiert dabei zum ›Bösen‹ der Unfreiheit bis des Terrors, weil der unvollkommene Mensch zu seinem ›Glück‹ erst gezwungen werden muss.

Am Szczesnys kontrovers geschriebenen Buch interessiert hier ein bestimmter Aspekt – sein sozusagen kybernetischer Zugang zur Problematik. Der gesellschaftliche Fortschritt der Neuzeit ist durch das »Zeitalter der demokratischen Ideen und der technisch-zivilisatorischen Errungenschaften« (S. 73) hervorgebracht worden. Die Humanisierung der Gesellschaft ist das »Resultat des Wechselspiels zwischen Theorie und Praxis«, die Bedürfnisse des Menschen entwickeln sich »mit der Anhäufung geschichtlicher Erfahrung, mit dem Fortschritt von Wirtschaft, Technik und der Kunst des Zusammenlebens«, durch ihre intellektuelle Bearbeitung entstehen Theorien, diese »wirken ihrerseits auf Bedürfnisbildung und Verhalten zurück usw. usw. [...] Zwischen Sein und Bewußtsein findet also ein ständiger Austausch von Informationen statt«.

---

sehr interessante Antwort bezüglich meiner Vorbehalte: »... weil der geographische und zeitliche Horizont, auf den sich der Selbsterhaltungstrieb der ›Grün-Linken‹ bezieht, die gesamte Erde bzw. 3 000 Jahre umfasst, während ihrer sich maximal auf Deutschland und die nächsten 30 Jahre beschränkt.« Ein solches Bewusstsein der historischen Reichweite zeugt von einer wahrlich messianischen Attitüde! Auch der Tenor der ideologischen Berieselung in den Mangelwirtschaften des ehemaligen realsozialistischen Ostblocks Europas lautete: »Heute entbehrt ihr noch, da müsst ihr durch, aber die Zukunft für eure Urenkel, die wird groß und wunderbar sein ...«. Ein tiefreligiöses Bewusstsein eines von der bevorstehenden, entfernten Erlösung Überzeugten!

55 Szczesny, Gerhard: *Das sogenannte Gute. Vom Unvermögen der Ideologen.* Reinbek bei Hamburg 1971.

Szczesnys Schlussfolgerung lautet: »*Solange und soweit der Informationsprozess zwischen Sein und Bewußtsein funktioniert, definiert der Mensch also durch seine Geschichte, was für ihn gut ist*« (S. 74, Hervorhebung E. K.).

In einer liberalen Demokratie funktioniert der Informationsprozess zwischen Sein und Bewusstsein – Szczesnys Fazit ist ja nur eine andere Umschreibung der eingangs dieses Kapitels zitierten Feststellung, dass das politische System der Demokratie »nur noch den institutionellen Rahmen für individuelles Glücksstreben« vorgibt und die Frage nach dem guten Leben, nach der Definition des Wohlseins des Menschen ausklammert und auf eine ergebnisoffene Meinungsbildung der Gesellschaft delegiert. In der Demokratie definiert der Mensch durch seine Geschichte, was für ihn gut ist, was er als Ziel seines Strebens betrachtet, welches Verhalten er als adäquat erachtet. Mit anderen Worten: Der jeweils erreichte Zustand ist der vorerst optimale. In der Demokratie wird der Mensch seine Vorstellung vom guten Leben nicht leichthin ändern, sondern nur durch die Erfahrung eventuell problematischer Seiten des Erreichten, durch die intellektuelle Verarbeitung solcher Erkenntnisse, durch neue Erfahrungen. Oder durch Zwang – wodurch die Gesellschaft aber in eine dirigistische Form mutieren würde und nicht mehr demokratisch wäre.

Es gibt keine systemische Begrenzung des demokratischen Rechts auf Wohlbefinden, auf *happiness* – aus dem *pursuit of happiness* wird das *pursuit of ever changing happiness*, und das heißt in letzter Konsequenz: *ever growing happiness* – was immer *happiness* auch subjektiv bedeuten mag.[56] Die liberale Demokratie kennt keine immanente Begrenzung des Wunsches nach Wohlstand. Toynbees Einsicht in die unerwünschte und schmerzhafte Wohlstandsregression wird bestätigt – ein Schritt zurück wird nur in Betracht gezogen, »*falls sich dies als die einzige Alternative zum Untergang der Menschheit her-*

56 Vgl. Kowalski, Emil: *Dummheit. Eine Erfolgsgeschichte.* 2. Auflage, Berlin 2022, S. 66.

ausstellen sollte«,[57] das heißt, falls die Bevölkerung demokratisch-mehrheitlich zu einer Einschätzung der Lage als dramatisch, untragbar, apokalyptisch u. ä. kommen würde. Der Blick auf die heutige Gesellschaft zeigt, dass diese Schmerzgrenze – außer bei überzeugten Grün-Linken – noch lange nicht erreicht ist. Und die Geschichte der Menschheit lässt Zweifel aufkommen, dass sich dieser Befund bald ändert.

Unsere Hoffnung besteht allein in der Vermeidung der angesprochenen Klimakrise durch technologischen Fortschritt. Es gibt kein rational begründbares Stadium eines ökologisch verträglichen ›minderen Wohlstands‹, auf den wir uns zurückziehen und ausruhen, auf dem wir eine *statische* Zivilisation errichten könnten. In einer offenen Gesellschaft bleibt die Zukunft offen. Was eigentlich zu erwarten war.

* * *

Welchen Beitrag kann eine Verhaltensänderung leisten, ohne Gefahr für die Demokratie heraufzubeschwören, allein durch Einsicht, Nudging und ›sanften Zwang‹? Versuchen wir der Frage nachgehen, wie weit der Mensch zur Lösung der ökologischen Probleme auf seine Bequemlichkeit zu verzichten bereit ist, zu welchem Grad er dazu sein Verhalten ändern würde. Kann der Mensch sein bisheriges hedonistisches Verhalten ändern? Wie weit? Und unter welchen Bedingungen?

Eine gewisse Hoffnung besteht. Die Einsicht in die Überbeanspruchung der Umwelt hat ab den 1960er Jahren eine starke ökologische Bewegung entstehen lassen. Niemand stellt heute die Bedeutung von Umweltschutz in Frage, die grünen Parteien weltweit genießen den Ruf der Fortschrittlichkeit und feiern Wahlerfolge, auch die Gruppierungen rechts der Mitte geben sich ökologisch

57 Toynbee, Arnold J.: *Menschheit und Mutter Erde*. Düsseldorf 1979, S. 49 (Hervorhebung E. K.; Orig. engl. *Mankind and Mother Earth*. London 1976).

und ein jedes Industrieunternehmen wirbt mit der Zusicherung, dass seine Rohstoffe aus Recycling alter Ressourcen gewonnen wurden. Die Jugend hat mit Greta Thunberg eine Klimaikone gefunden und den Freitag zum Kampftag gegen die Erwärmung der Atmosphäre erkoren. Jeder Haushalt trennt brav die unvermeidbaren Abfälle, das Papier wird schön gebündelt zur Abfuhr vor die Tür gestellt oder in dafür vorgesehenen Tonnen deponiert, die Flaschen in separate Behälter geworfen, desgleichen Metalle. Bio-Label haben Hochkonjunktur, Frühstückseier gibt es nur von glücklichen Freilandhühnern, einen Pelz zu tragen ist indiskutabel und nur den russischen Oligarchen (respektive ihren Gattinnen) erlaubt, und Trinkhalme aus Plastik werden gemieden wie weiland faule Äpfel. Ist das keine Verhaltensänderung?

Sicher, und zwar eine in jeder Beziehung begrüßenswerte. Nur darf man nicht vergessen, dass ausnahmslos alle Anpassungen unseres Verhaltens ohne nennenswerte Einbuße an Bequemlichkeit erfolgten, begünstigt durch technische und organisatorische Vorkehrungen der öffentlichen Hand und der involvierten privaten Wirtschaft. Meist ist es sogar gelungen, die Bequemlichkeit zu steigern und so in den Dienst der Verhaltensänderung zu stellen. Für die Abfalltrennung beispielsweise stehen entsprechende Container bereit und die Abfuhr erfolgt organisiert, tierische Pelze – früher ein teurer Luxusartikel – wurden durch erschwingliche und modisch gestylte Webpelze ersetzt, die sich nun jedermann leisten kann, die Altpapierabfuhr ist willkommen, um die tägliche Flut von Werbeprospekten loszuwerden, die früher unsere Abfalleimer verstopften, und wer ein Elektroauto fährt, verzichtet nicht auf seine Mobilität, sondern genießt meist nebst dem guten Gewissen eines Klimapioniers Steuererleichterungen und Subventionen.

Wohin es aber führt, wenn bei einer Massenveranstaltung die Teilnehmer keine unmittelbare, mühelose Möglichkeit zur Abfallentsorgung haben und die Gesellschaft ihnen ›zumutet‹, für eine ordentliche Beseitigung ihre Plastikflaschen nach Hause oder zu irgendwelchen außerhalb des Stadions etc. platzierten Containern zu tragen, das kann man jeweils an den sprichwörtlichen Abfallbergen sehen ... Auch wenn daran vor allem die kollektive Absolution einer entfesselten Begeisterung schuld ist.

Ein anderes Beispiel: Unsere Gewässer, fließende wie stehende, die in den 1960er Jahren noch stark belastet waren, sind heute weitgehend saniert – allerdings nicht wegen des Verzichts des Menschen auf körperliche Hygiene und auf WC, sondern weil heute praktisch flächendeckend Abwassereinigungsanlagen vorhanden sind. Der Homo sapiens bewies im ökologisch richtigen Umgang mit der Natur seine Kreativität. Und was für unsere Überlegungen besonders relevant ist: Praktisch jede Maßnahme konnte nur realisiert werden, weil wir dafür technisch-organisatorische Vorbedingungen geschaffen haben und weil *ausreichend bezahlbare Energie* für den damit verbundenen Mehrbedarf vorhanden war.

Das positive Bild ist für europäische Verhältnisse gezeichnet, und trifft auch dort nicht überall zu. Die Abfallprobleme etwa in Italiens Süden sind sprichwörtlich, und in den Ländern mit Meereszugang wird immer noch ein Teil der Abwässer der Küstenmetropolen ungeklärt in das Meer geleitet. Die Industrie und die Landwirtschaft verstoßen nicht selten gegen ökologische Vorschriften. Dass es Vergehen gegen die Umwelt gibt, das soll hier nicht verschwiegen und verniedlicht werden. Mit der Aufzählung der Beispiele möchte ich vielmehr auf eine erste Schlussfolgerung hinweisen: Die erwünschte substanzielle und dauerhafte Verhaltensänderung muss technisch-organisatorisch aufgefangen werden und darf keine Wohlstandseinbuße bedeuten, wenn sie ohne einen undemokratischen Zwang stattfinden soll.

Damit eine Verhaltensänderung erfolgt, damit sich Werte ändern, müssen außer der Einsicht in ihre Zweckmäßigkeit und den technisch-organisatorischen Voraussetzungen noch zusätzliche Anreize vorhanden sein. Nicht unbedingt materielle, auch ideelle können helfen. Es muss zumindest die Genugtuung darüber vorhanden sein, für einen anerkannt guten Zweck etwas zu tun, für die Rettung bedrohter Tiere oder für die Verhinderung von Felsstürzen beim Auftauen von Permafrost im Gebirge zu kämpfen. Man möchte sich gegenüber den Mitmenschen als moralisch hochstehend ausweisen können, man kann es auch etwas abschätzig als *virtue signalling* bezeichnen. Wir müssen hier jedoch zwischen dem verbalen Engagement für etwas Gutes und einer effektiven Verhaltensänderung durch Verzicht auf sonst vorhandene Bedürfnisse unterscheiden, durch eine echte Änderung des Verhaltens, durch das Abstellen liebgewordener Verhaltensweisen, kulinarischer Vorlieben etwa, oder durch einen erhöhten körperlichen Aufwand beim Radfahren.

Albert Hirschman[58] hat vor 40 Jahren eine interessante Einsicht in die Mechanismen der Bildung und Änderung von Verhalten geboten. Er nimmt Bezug auf Beiträge von Harry G. Frankfurt und Amartya Sen zur Psychologie der Präferenzbildung und betont, dass einer jeden Verhaltensänderung der *Wunsch nach einer Verhaltensänderung* vorangeht. Das Bedürfnis, dessen angestrebte Befriedigung die Grundlage eines jeden Verhaltens ist, meldet sich zunächst als ein Bedürfnis, das richtige Bedürfnis zu haben, als ein Metabedürfnis. Im Alltag ist der Effekt vor allem dann zu beobachten, wenn es um das Ändern einer zur Gewohnheit gewordenen schlechten Lebensweise geht, also z. B. um das Aufhören mit dem Rauchen, ums Abnehmen beim Übergewicht u. Ä. Hirschman geht es in seinem Essay zwar um die volkswirtschaftliche Beschreibung von Kaufgewohnheiten, also um einen Beitrag zu einer realistischeren Konsumtheorie, seine Gedankengänge sind aber auch in unserem Kontext interessant, der eine Änderung des als umwelt- respektive klimaschädlich erachteten Verhaltens betrifft.

Nehmen wir als Beispiel einen süchtigen Raucher. Durch intensive Gesundheitskampagnen der öffentlichen Hand auf die Gefahren des Rauchens aufmerksam gemacht, beschließt er eines Tages, aufzuhören. Er entwickelt zunächst das Metabedürfnis, ›aufhören wollen zu wollen‹, hört aber noch nicht zu rauchen auf, einerseits

58 Hirschman, Albert: *Engagement und Enttäuschung. Über das Schwanken der Bürger zwischen Privatwohl und Gemeinwohl.* Frankfurt a. M. 1984, S. 74 ff. (Orig. engl. *Shifting Involvements. Private Interest and Public Action.* Princeton 1982).

weil er gerne raucht, weil seine Großtante rauchte und 98 Jahre alt geworden ist, was gegen die Schädlichkeit des Rauchens spricht, weil diese Gesundheitsapostel sowieso übertreiben und er keine gesundheitlichen Probleme spürt. Aber er ist immerhin davon überzeugt, dass das Nichtrauchen schon gesünder wäre und dass er eigentlich aufhören sollte. Wenn da nicht sein Freundeskreis wäre, wo man gerne nach dem Essen eine Zigarette zwischen die Finger nimmt. Und dann noch das Büro mit dem permanenten Stress ... Bis ein äußerer Anlass passiert: Einige Freunde sind Nichtraucher geworden, unser Raucher erlitt einen starken Hustenanfall oder las in der Zeitung von einem bekannten Schauspieler, dass dieser an Lungenkrebs gestorben ist. Dann wird der Metawunsch plötzlich zum akuten Wunsch, und unser Raucher hört mit dem Rauchen auf (hoffentlich definitiv). Das Verhaltensschema ist allgemein bekannt. Und es wäre eigentlich dementsprechend zu erwarten, dass sich das Rauchen nach und nach verliert, denn die Kampagnen laufen schon seit einigen zehn Jahren. Aber interessanterweise rauchen viele Männer und Frauen weiter oder neu, und es bleibt zum guten Teil beim Metawunsch. Der Übergang vom Metabedürfnis zur effektiven Verhaltensänderung ist nicht leicht, die Incentive müssen von Zeit zu Zeit erneuert und bestätigt werden.

Unser Engagement für die ökologischen Anliegen entspricht weitgehend Hirschmans Metastadium. Man ersieht sofort, dass einer effektiven Änderung des Verhaltens viele Hindernisse im Wege stehen und dass es in der Regel bei einem mehr oder weniger ernsthaften ›platonischen‹ Engagement bleibt. Der Pharisäer gibt es viele, der asketischen Einsiedler in der kargen Wüste der Ökologie nur wenige.

Wir haben viele Strategien, um den Wunsch nach Verhaltensänderung ohne schlechtes Gewissen im ›Metastadium‹ zu halten. Das Leugnen der Folgen der Klimaänderung, indem man das Klima mit dem Wetter bewusst verwechselt, ist eine eher primitive (auch wenn sie gerne betrieben wird): So einen harten Winter hab' ich noch nie erlebt, und das soll eine Klimaerwärmung sein? Oder die geohistorische Variante: Temperaturschwankungen gab es schon immer, das ist ein Naturphänomen, woher sonst würden die Zyklen von Warm- und Eiszeiten kommen? Oder die Gerechtigkeitsvariante: Warum soll ausgerechnet ich anfangen? Wir sind ein so kleines Land, global gesehen haben wir keinen Einfluss auf das Weltklima. China und Indien, die USA und Russland sind die Hauptsünder, die sollen etwas tun! Und dann die beliebte ›sozialgerechte‹ Strategie: Die da oben, die Bonzen und Minister, die sollen mit dem Fliegen aufhören. Die lässt man sündigen, und wir sollen auf eine billige Kreuzfahrt verzichten? Am Ende ist es die Hirschman'sche Zweistufigkeit der Verhaltensänderung, welche der beliebten Alibimentalität zugrunde liegt: Ja, ich habe schon ein starkes Bedürfnis nach einem gesunden Klima. Ich unterstütze Fridays for Future und habe beschlossen, ein Elektroauto zu fahren. Wann? Sobald die Technologie bewährt ist und man Solarstrom tanken kann, kaufe ich mir sofort eins, aber heute schaufelt man wegen der Kohlekraftwerke mit jeder Kilowattstunde doch nur Braunkohle in den Tank ... Ein solch schönes Alibi für Jetzt-noch-nichts-Tun verhilft zu einem erhabenen, ökologisch hochstehenden Gefühl, ohne jede Konsequenz.

Jedenfalls spricht wenig dafür, dass man durch die Verhaltensänderung einen nennenswerten Beitrag zur Klimarettung erzielt, eingedenk der Tatsache, dass es sich dabei nicht um einige Alibiübungen handelt – wie den Verzicht auf PS-starke Autos, Beschränkung des Fleischkonsums auf einige Wochentage oder eine mäßige Reduktion der Wohnraumtemperatur im Winter –, sondern um Grundsätzliches. Und außerdem: Um das vorindustrielle Klima *allein* durch Verhaltensänderung zurückzurufen, müsste man genaugenommen zu den vorindustriellen Lebensbedingungen zurückkehren, und das wollen wir schon gar nicht. Dann akzeptieren wir schon lieber eine technologische Lösung ...

So stellt uns die Wahl zwischen dem verbrieften Recht unserer liberalen Demokratie auf *pursuit of happiness* mit den entsprechenden ökologischen Konsequenzen und der ökologischen Alternative einer statischen, kollektivistisch-dirigistischen oder zumindest paternalistischen Gesellschaftsordnung mit einem dekretierten (kleinen) materiellen Wohlstand vor ein Dilemma.

Das Recht auf Glück und Zufriedenheit bedeutet das Recht auf einen selbstbestimmten, selbstgewählten individuellen Hedonismus (nennen wir es bei Namen!), somit das Recht auf eine dynamisch zunehmende oder – genauer – sich ändernde Befriedigung der eigenen Ansprüche, weil der Mensch seine Vorstellungen ändert, ändern dürfen muss. Das Verharren auf irgendeinem vorgeschriebenen, von der Obrigkeit als zulässig erachteten und somit *de facto* begrenzten Wohlstand, entspricht nicht unserer Auffassung von der individuellen Freiheit. Auf dieses grundlegende Dilemma muss man immer wieder hinweisen, weil es weder der Politik noch der Bevölkerung ausreichend bewusst ist.

* * *

Vor Jahren, als die US-Behörden sehr einschränkende Vorschriften für die Sicherheit und Umweltverträglichkeit der Automobile erlassen haben, gab es in Kalifornien eine bemerkenswert kreative Werbung der BMW: »Meeting the Demands of a Society is no Excuse for Building a Boring Car«. Die bayerischen Automobilhersteller haben damit auf die Verordnungen in humorvoller Weise reagiert – die Botschaft war klar: Wir bauen sportliche Autos, die viel Spaß bereiten. Trotz der Anforderungen der Administration sind sie nicht langweilig. Wir haben alles getan, damit Sie ohne schlechtes Gewissen einen BMW sportlich fahren können ... Das Spannungsfeld zwischen den Erfordernissen der Umwelt, den Ansprüchen der hedonistischen Gesellschaft und den politischen Randbedingungen der liberalen Demokratie erfordert offensichtlich die gleiche Strategie. Wir könnten sie die »Strategie des ökologischen Hedonismus« nennen.

Alle politische Systeme müssen darauf bedacht sein, die Masse der Bevölkerung zufriedenzustellen. Schon die Regenten der antiken Reiche wussten von der Erfordernis des *panem et circenses*, das Volk musste zu Essen haben und bei Laune gehalten werden. Sonst drohten Aufstände, Revolten, bis zum blutigen Sturz der Regierung. Auch die Demokratie ist darauf angewiesen, die Wünsche des Volkes zu respektieren – *besonders* die Demokratie. Die Diktaturen und Tyranneien sind bezüglich der Stabilität ihrer Regime nämlich im Vorteil: Bei sozialer Unrast können sie die Unterdrückung verstärken und die Ruhe mit Gewalt erzwingen. Der Regierung einer liberalen Demokratie dagegen stehen die Mittel der Gewalt nur im eng umschriebenen Rahmen der Verfassung und der Gesetze zur Verfügung; verletzt sie diese, so hört sie auf, demokratisch zu sein. Eine liberal demokratische Regierung muss stets den Spagat zwischen dem sachlich Notwendigen und dem politisch Machbaren wagen und vorsichtig austarieren. Hört sie zu viel auf die Umfragen, auf den Stimmungsbarometer der öffentlichen Meinung, und macht objektiv gesehen Sachfehler, so bleibt sie zwar kurzfristig an der Macht und wird vom Mainstream gefeiert – wird aber früher oder später von den unausweichlichen Sachzwängen eingeholt. Betreibt sie dagegen eine sachgerechte Politik, jedoch gegen die Stimmung in der Bevölkerung, so muss sie sofort mit sozialer Unrast rechnen und setzt die demokratische Ordnung aufs Spiel. Die wahre Kunst des Regierens in der Demokratie besteht darin, zu führen und nicht zu reagieren, sachgerechte und wirksame Maßnahmen anzupeilen, unabhängig vom ideologischen Bias des Mainstreams, aber die Akzeptanz für diese Maßnahmen zunächst beharrlich zu fördern und die Maßnahmen erst im richtigen Zeitpunkt durchzusetzen.

Die Theorie klingt gut, die Praxis sieht um einiges komplexer aus. Die Regierung ist der unbarmherzigen Kritik der Opposition ausgesetzt, der Stimmungsmache der vielen NGOs und anderer Interessenorganisationen der bürgerlichen Gesellschaft, der Wirtschaft, der Subversion der feindlichen ausländischen Staaten. Nur selten gelingt es, einen Konsens über die Grenzen der divergierenden politischen Kräfte hinaus zu erzielen. Das alles darf die Regierung nicht daran hindern, dem politischen Imperativ der demokratischen Gesellschaft zu folgen – alles zu vermeiden, was zur Schwächung der liberal-demokratischen Ordnung führen könnte.

Zu diesem kategorischen Imperativ gehören *panem et circenses*, das Recht auf *pursuit of happiness*, die Orientierung der Politik am Recht der Bevölkerung auf ihr Wohlbefinden, mit einem Wort: das Recht auf den ökologischen Hedonismus. Der Umweltschutz, der Klimaschutz darf keine Strafe sein für Umweltsünden uns dummer User der technischen Zivilisation, sondern ein Mittel, um unseren Wohlstand ohne spürbare Abstriche frohen Herzens genießen zu können. Schließlich wird die Erde nicht deshalb wärmer, weil wir uns der Segnungen der Zivilisation bedienen, sondern weil die Wirtschaft ebendiese Segnungen mit falscher Technologie, mit fossilen Energien bereitstellt. Und weil unsere Regierungen verpasst haben, frühzeitig für eine Remedur zu sorgen. Gewusst hat es die Wissenschaft bereits um 1950 ...

Pointiert könnte man sagen: »Meeting the Demands of the Environment is no Excuse for Providing a Boring Climate Strategy«. Es gibt genügend karbonfreie Technologien, um den Energiebedarf einer umweltbewussten Zivilisation zu befriedigen. Ohne dass der Wohlstand, ohne dass die liberale Demokratie darunter leiden. Man darf nur auf keine Technologie verzichten. Auch nicht auf die nukleare. Behördlich tolerierter, ja bewusst verantworteter Wohlstandsabbau wäre dagegen zutiefst undemokratisch.

* * *

Eine Nachbemerkung: Lässt sich eine Skala der Bedürfnisse erstellen, auf die der Hedonist zu verzichten bereit wäre? Wäre er beispielsweise eher bereit, auf Luxusartikel denn auf die Artikel des täglichen Gebrauchs zu verzichten, wenn er wählen müsste? Würde die Maslow'sche Bedürfnispyramide in Spiel kommen, die Hierarchie der Ansprüche von den biologischen Bedürfnissen des Menschen bis zur hochgeachteten Selbstverwirklichung? Es ist interessant zu beobachten, dass bei Einschränkungen eine andere Skala in Spiel kommt – die oben angesprochene und schon den alten Römern als *panem et circenses* bekannte Dyade der Ansprüche.

Die Erfahrung mit den Beschränkungen der Corona-Pandemie zeigte, dass eher diejenigen Restriktionen abgelehnt werden, die dem weiteren Bereich der Freizeit zuzurechnen sind – mit den neuen Anforderungen am Arbeitsplatz, mit dem Homeoffice etwa, hat man sich recht gut arrangiert. Es sind vor allem die Einschränkungen bei der Freizeitgestaltung, bei Kulturveranstaltungen, in der Gastronomie, bei Ferienreisen oder bei größeren Familienfesten, die störten. Von den zwei Voraussetzungen der Zufriedenheit des Menschen, von dem altrömischen *panem et circenses*, erwiesen sich die Spiele wichtiger als die Bereitstellung des Brots, dessen Verfügbarkeit durch die technisch-industrielle Zivilisation als fraglos gesichert empfunden wird.

Die Olympischen Sommerspiele in Tokio, ursprünglich für 2020 vorgesehen, wurden wegen der Pandemie um ein Jahr verschoben, dann trotz des Fortbestands der Sorgen mit dem inzwischen mutierten Virus vom 23. Juli bis zum 8. August 2021 ausgetragen. Lieber hat man auf die Masse der Zuschauer in den Stadien verzichtet, als die Spiele abzusagen. Die Olympischen Winterspiele 2021 fanden in Peking statt – ebenfalls unter Corona-Einschränkungen. China hat nicht zuletzt eine rigide Zero-Covid-Strategie betrieben, um die Austragung der Spiele nicht zu gefährden. Zur Sicherstellung der Schneedecken wurden überall Schneekanonen aufgestellt – trotz des immensen, klimaschädlichen Energiebedarfs. Und die Endrunde der laufenden Fußball-Weltmeisterschaft fand im Spätherbst 2022 im Golfstaat Katar, wegen der dortigen klimatischen Bedingungen in acht klimatisierten Großstadien.

In der technisch-wirtschaftlichen Zivilisation wird der Homo sapiens zum Homo ludens.

6

Mensch und Natur

Das Verhältnis des Menschen zur Natur ist ambivalent. Biologisch ist er unbestritten ein Teil des Tierreichs, ein Mitglied der Ordnung der Trockennasenprimaten, aber ausgestattet mit hohen kognitiven Fähigkeiten, die er bisweilen nutzt und die ihn befähigten, eine Zivilisation aufzubauen und zu betreiben. Dies ist auch notwendig, denn ohne Hilfe seiner technischen Hilfsmittel wäre er unfähig, in der unberührten und ihm durchaus feindlichen Natur zu überleben. Sobald geboren, wird er in Tücher gewickelt und von der rohen Umwelt isoliert. Sein ganzes Leben verbringt er in der Schutzhülle seiner Kleider, einen wesentlichen Teil zusätzlich in seinen technisch erstellten Behausungen und Transportgefäßen. Die wahre Natur des zivilisierten Menschen besteht in der konsequenten Verneinung seiner Natur.[59] Desmond Morris nannte ihn *Der nackte Affe*,[60] zutreffender wäre der ›Affe in Jeans unterm Dach‹.

Seine Intelligenz hat den Menschen befähigt, Artefakte zu erfinden, mit deren Hilfe er trotz seiner Schwäche den übrigen Tieren überlegen ist. Als Wesen mit Bewusstsein entwickelte er jedoch Empathie, er kann sich in andere Lebewesen einfühlen und kultiviert Gefallen am Fairplay. Das hat ihn von seinem tierischen Ursprung weit entfernt. Er findet es ungerecht, mit ungleichen Waffen im Kampf gegen die Natur anzutreten. Mit Spieß und Bogen konnte er auf Entfernung töten, aber sein Gegner der Eiszeit, der Säbelzahntiger, hatte nur die Nahkampfwaffen Zahn und Kralle – die mentale Stabilität des Menschen leidet seither unter dieser Ungerechtigkeit. Er büßt mit schlechtem Gewissen dafür, dass er das ewige Gesetz der Natur »Fressen und gefressen werden« außer Kraft gesetzt hat und sich allein auf Kosten der anderen ernährt. Solche Widersprüche bedrohen seine psychisch labile Existenz. Konnten die biblischen Propheten in die Zukunft schauen? Sind sie so weitsichtig gewesen, dass sie dem Menschen die Unterwerfung der Natur bewusst als einen göttlichen Auftrag verordneten, um ihn vor dem Dilemma zu bewahren, entweder zu verhungern oder an unerträglichen psychischen Schäden zu leiden? Falls dies stimmt, würde es das biblische Gebot »Macht euch die Erde untertan« verständlich machen als einen weisen, weitschauenden Akt psychohygienischer Prophylaxe. Vor der Erbsünde haben die Propheten den Menschen trotzdem nicht bewahrt, dafür sorgte die Sünde der Erkenntnis und die Schlange mit dem Apfel.

---

59 In Paraphrase eines Texts von Daniel-Pascal Zorn über den französischen Philosophen Paul-Michel Foucault: »Der Geist des Menschen ist weiterhin ein Rätsel, das durch die naturwissenschaftliche Reduktion nur ignoriert oder verdrängt wird. *Seine Natur besteht darin, vollständig von der Natur abzuweichen*« (Zorn, Daniel-Pascal: *Die Krise des Absoluten*. Stuttgart 2022, S. 92, Hervorhebung E. K.).

60 Morris, Desmond: *Der nackte Affe*. München 1968.

Die Ambivalenz seines Daseins wird dem Menschen umso bewusster, je leichter seine materielle Existenz ist und je weiter er sich von der ursprünglichen Natur entfernt hat. Im alten Rom belustigte sich die Masse im Kolosseum bei Gladiatorenspielen am Leiden der wilden Tiere (und der versklavten Gladiatoren), in unserer heutigen mechanisierten und elektrifizierten Gesellschaft wird der Schutz der Artenvielfalt zum Menschheitsziel. Wir sammeln Geld für die Erhaltung der Serengeti, ächten Großwildjäger und jagen statt der Big Five die Elfenbeinwilderer. Der Fortschritt ist nicht immer schlecht, der Wohlstand erleichtert es, moralisch zu sein. Aber ganz so einfach ist das Thema ›Mensch und Natur‹ nicht, es bedarf einer tieferen Betrachtung.

* * *

Ein erster Betrachtungspfad führt zur romantischen Liebe der schönen Natur, der Berge, der Wiesen, der Blumen, der Erhabenheit des nächtlichen Himmels, des bukolischen Lebens. Verfolgen wir die Spur. Die Liebe zur Natur[61] wird seit Generationen zelebriert, alle historischen Paradiese des Menschen siedeln im Garten – unser jüdisch-christliches Paradies heißt denn auch »Garten Eden«. Der Garten der Lüste wurde von den Renaissancemalern unzählige Male auf Leinwand gebannt, man findet kaum ein Porträt der Epoche ohne den Hintergrund einer lieblichen Landschaft. Musste das Sujet situationsbedingt in einem Interieur gemalt werden, dann am liebsten an einem Fenster, das für belebendes Licht sorgte und den Blick auf fruchtbare Felder und knorrige alte Bäume freigab. Später dann auf Zivilisationsruinen, als Memento mori der zeitbegrenzten Existenz des Menschen, im Gegensatz zu der sich ewig erneuernden Muttergottheit Natur.

61 Allerdings in der Gestalt der Liebe zur ›kultivierten‹ Natur der Gärten und Parks, und nicht etwa der Liebe zur Wildnis des Urwalds mit heimtückischen Schlangen und Tsetse-Fliegen.

Interessant – und verständlich – ist, dass die antike Philosophie weniger naturbesessen war als wir. Lukrez (um 96–51 v. Chr.) zum Beispiel schildert zwar den Ursprung des Menschen in einem naturparadiesischen Zustand, aber ohne die Rauheit und Rohheit des Zusammenlebens in den Horden der Jäger und Sammler zu übersehen: »Aufs gemeinsame Wohl zu achten, vermochten sie nicht, wussten ihr Zusammenleben nicht zu regeln durch Sitten und Gesetz«.[62] Offensichtlich hat erst die unerträgliche Leichtigkeit der Zivilisation unsere romantische Naturliebe geweckt und beflügelt, weniger als Selbstzweck, eher als das idealisierte Gegengewicht zu den zivilisatorischen Unzulänglichkeiten. Und als Kritik an den bürgerlichen Wurzeln des Marktes, der notwendigen Begleiterscheinung der technisch wissenschaftlichen Zivilisation des Abendlandes.

Der prominenteste unter den frühen Befürwortern der sozialökologischen Lebensweise, Jean-Jacques Rousseau (1712–1778), bestätigt diese Feststellung. Es ist allerdings bezeichnend, wie er zu seiner Berufung gekommen ist. Der ehrgeizige Rousseau, der nach einer Profilierungsmöglichkeit suchte, in Paris an der Partitur einer Oper arbeitete und vom Ruhm als Komponist oder Schriftsteller träumte, freundete sich mit dem Enzyklopädisten Denis Diderot an, von dem er Anregung und Unterstützung erhoffte. Philipp Blom[63] berichtet, dass Rousseau seinem Freund Diderot vom Wettbewerb der Dijoner Akademie zum Thema »Tragen Wissenschaften zur Verbesserung der Sitten der Menschheit bei?« erzählte, an dem er teilnehmen wollte, und eine Anregung erbat. Wissend um Rousseaus Bestreben, etwas Großes zu leisten, was ihn berühmt machen würde, riet ihm Diderot, nicht die offensichtliche und von den Enzyklopädisten gepflegte aufklärerische Ansicht zu vertreten »und den menschlichen Errungenschaften ein Loblied zu singen,

62 Lukrez: *De rerum natura*. Hrsg. von Klaus Binder. Darmstadt 2016, 5/960.

63 Blom, Philipp: *Böse Philosophen*. München 2017, S. 79. Ich habe diese Begebenheit etwas ausführlicher im Essay *Liberté, Egalité, Fragilité*. Berlin 2019, S. 77, kommentiert.

sondern stattdessen zu argumentieren, dass die zunehmende Zivilisation die Menschen nur dekadenter und moralisch korrupter gemacht habe«. Rousseau verstand den Zynismus der Antwort nicht, beherzigte die Empfehlung, schrieb opportunistisch seinen antiaufklärerischen *Discours sur les sciences et les arts*, gewann den ausgeschriebenen Preis – und wurde statt zum Propheten der Aufklärung und des technischen Fortschritts zum Apostel des naturnahen Lebens. Paris hatte einen großen Skandal und Rousseau ist auf einen Schlag berühmt geworden.

Grüne Ideologie als Folge eines missverstandenen Zynismus? Man möchte hoffen, dass diese Geschichte apokryph ist, sie scheint es aber nicht zu sein.

Jedenfalls legte es Rousseau darauf an, fortan zu provozieren, ökologisch wie politisch – ganz im Sinne Diderots Empfehlung, gegen den Mainstream zu schwimmen. In seinem zweiten *Discours*, der *Abhandlung über die Ungleichheit*, steht der berühmte protomarxistische Satz:[64]

> »Der erste, der ein Stück Land eingezäunt hatte, und es sich einfallen ließ zu sagen ›dies ist mein‹ und der Leute fand, die einfältig genug waren, ihm zu glauben, war der wahre Gründer der bürgerlichen Gesellschaft. Wie [...] viel Not und Elend [...] hätte derjenige dem Menschengeschlecht erspart, der die Pfähle herausgerissen [...] hätte«.

Bis heute rätseln Fachleute, wie ernst es Rousseau mit seiner extremen Kritik am privaten Eigentum war. Per Molander zitiert Rousseaus Beitrag zu Diderots und d'Alemberts *Encyclopédie*, den er etwa zu gleicher Zeit wie seinen zweiten *Discours* verfasst hat, und der – so könnte man pointiert sagen – um Einiges anders klingt:[65]

> »Es steht außer Zweifel, dass das Eigentumsrecht das heiligste aller Rechte ist und in gewisser Hinsicht wichtiger als die Freiheit selbst. Wir dürfen

64 Rousseau, Jean-Jacques: *Abhandlung über den Ursprung und die Grundlagen der Ungleichheit unter den Menschen*. Stuttgart 1998 (Orig. frz. *Discours sur l'origine et les fondemens de l'inegalité*, 1755).

65 Zitiert nach Molander, Per: *Die Anatomie der Ungleichheit*. Frankfurt a.M. 2017, S. 110.

> nicht vergessen, dass Eigentum die Grundlage des Gesellschaftsvertrages ist, und sein erstes Gebot lautet, dass jedem zugesichert werden muss, das, was ihm gehört, in Frieden zu genießen«.

Die Verbindung zwischen der Ökologie und der Kritik an der bürgerlich liberalen Demokratie ist schon bei Rousseau angelegt. Dass Extinction Rebellion heute die Abschaffung der demokratischen Freiheiten als Mittel zur Beherrschung der Klimakrise propagiert und einen ökologischen Dirigismus fordert, ist nur folgerichtig. Den Konnex zwischen Ökologie und Demokratie zu thematisieren ist wichtig, er ist für beide eine Frage der Selbsterhaltung. Denn nur die Lösung der Umweltprobleme sichert den Fortbestand der Demokratie, und nur die Leistungsfähigkeit des freien Marktes kann die anstehenden Aufgaben des Umweltschutzes bewältigen, ohne Einbußen an der Lebensqualität der breiten Bevölkerung. Womit wir wieder beim Kapitel Wohlstand und Moral gelandet sind.

»Der Rousseauismus der heutigen, ›woken‹ Linken ist eine Mischung aus vormarxistischem, utopischem Sozialismus, einer Naturromantik auf puritanischer Basis und der Sentimentalität des politischen Moralismus«, schreibt Norbert Bolz zutreffend.[66]

> »Auf wen diese Ideologie berechnet ist, kann man sich an einer Selbstbeobachtung Rousseaus deutlich machen. In seinem erfolgreichsten und folgenreichsten Werke der Weltliteratur, seinen *Bekenntnissen*, heißt es in typisch selbstentblößender Offenheit: ›Ich war so gelangweilt ... Ich war so übersättigt‹. Die geniale Pointe liegt nun darin, dass Rousseau von der eigenen Frustration auf die Misere der Gesellschaft schloss.«

Die Jüngerschaft der grünen ökologischen Bewegung rekrutiert sich auch heute primär aus den gutsituierten Kreisen der Mittelschicht, wo der Überdruss am Luxus durch exorbitant teure zerrissene Markenjeans demonstriert werden muss.

* * *

66 Bolz, Norbert: *Keine Macht der Moral. Politik jenseits von Gut und Böse*. Berlin 2021, S. 158.

Ein zweiter Pfad der Betrachtung führt zu der konträren Ansicht, nämlich dass der Mensch die göttliche Schöpfung durchschauen, die Geheimnisse der Natur dank Hilfe der Mathematik entschlüsseln und somit seine Stellung als Krone der Schöpfung festigen kann. Das biblische Gebot »macht euch die Erde untertan« hat unerwarteterweise Unterstützung von der Seite der weltlichen Wissenschaft bekommen, einer geistigen Bewegung, welche die Kirche mit Bann und Verdammnis strafen wollte. Galileo Galilei erfand das Fernrohr, Kopernikus, Tycho de Brahe und Keppler haben damit das Weltall vermessen und Bewegungsgesetze der Planeten erkannt. Isaac Newton schließlich hat 1687 in seiner *Philosophiae Naturalis Principia Mathematica* (Mathematische Grundlagen der Naturphilosophie) die Mathematik um die Methode der Differentialrechnung bereichert, eine neue Mechanik angelegt und das allgemeine Gravitationsgesetz formuliert, das die Bewegung der Sterne und Kometen genauso beschreibt wie den Fall des berühmten Apfels von der Baumkrone auf die Erde. Das Firmament gehorcht seitdem den terrestrischen Gesetzmäßigkeiten, der Himmel schrumpfte auf das menschliche Maß und der erkennende Mensch wurde auf die Stufe der weisen Götter gehoben. Noch heute erleben wir Hochgefühle, wenn es den Astronomen gelingt, in die Weiten des Weltalls zu blicken, zuletzt am 25. Dezember 2021, als der Start des James-Webb-Weltraumteleskops gelungen ist, mit dem die Infrarot-Astronomie noch tiefer in die Weiten des Kosmos wird vordringen können, in das Innere von Sternentstehungsgebieten schauen und unsere Kenntnis von den ersten Momenten der Geburt des Universums nach der Singularität des Urknalls erweitern helfen wird.

Nun führt diese Euphorie paradoxerweise nicht dazu, dass wir die Natur nüchterner betrachten, nämlich als Objekt der notwendigen Nutzung, sondern umgekehrt zur Verstärkung ihrer romantischen Anbetung. Die intellektuelle Freude am Wissen wird vom Mainstream nicht verinnerlicht, das unverstandene Wissen wird als bedrohlich empfunden und trägt zur Spaltung zwischen den Strömungen der ökologischen Naturliebe und der Technologieanbetung bei. Der Technologie wird die Zerstörung der Natur angelastet – durchaus mit Recht, was die Sünden der historischen Industrialisierung angeht, aber auch in Bezug auf den noch heute nicht unterlassenen Raubbau an der Natur. Die Abholzung der Tropenwälder, die Zerstörung der Landschaften durch bergmännische Rohstoffgewinnung im Tagebau, die Belastung der Gewässer durch Schadstoffe u. Ä. sind immer noch die sprichwörtlichen Sünden der technisch-wissenschaftlichen Zivilisation. Aber es ist der Fehler des politischen Willens der Gesellschaft und nicht ihrer Wissenschaft, die *untauglichen* Technologien gewählt zu haben und zu nutzen, und diese nicht zügig durch naturverträgliche Alternativen zu ersetzen, sobald man den Fehler erkannt hat. Alternative, geeignete Technologien gibt es. Und die Klimagefährdung durch den Treibhauseffekt steht seit Mitte des 20. Jahrhunderts auf der Agenda.

Der Konnex zwischen der Technologie und ihrer Folge, dem willkommenen Wohlstand und dessen gewollter Verbreitung auf immer breitere gesellschaftliche Schichten (Massen-Tourismus, Massen-Verkehr ...) wird von der Politik nicht ausgeblendet. Einmal mehr führt dieser Konnex aber weniger zum Wunsch nach einer Ökologisierung der gewählten technologischen Mittel als zum zerknirschten Ruf nach der Änderung unserer falschen Lebensweise,[67] nach Verhaltensänderungen, nach Buße. Das führt uns die Verbindung zwischen dem Wohlstand und unserer Moral einmal mehr vor Augen. Das Argument, dass technologische Sünden durch technologische Innovationen getilgt werden müssen, verfängt nur zum Teil. Ebenso wenig wird realisiert, dass Einbußen am Wohlstand die demokratischen Freiheiten bedrohen. Dies ist zu bedenken – unsere Geschichte bezeugt, dass wir diesen Wohlstand gewünscht haben. Der Mensch wird seinen Anspruch an den gewohnten Lebensstil kaum aus Einsicht in die ökologischen Zusammenhänge ändern, zumindest nicht schnell genug, um die fort-

67 Dieser Ruf ertönt folgerichtig und à la Rousseau eher aus den bessergestellten gesellschaftlichen Kreisen, die wirtschaftlich Benachteiligten haben andere Sorgen.

schreitende Naturbelastung zu stoppen. Und sicher nicht, ohne dass einer möglichen Einsicht in die notwendige Reduktion seiner Ansprüche durch die Zunahme der Umweltkatastrophen oder durch die gütige Mithilfe eines dirigistischen Regimes nachgeholfen wird. Beides gilt es zu vermeiden.

* * *

Ein dritter Pfad der Betrachtung führt zur Nachhaltigkeit. Das Konzept der Nachhaltigkeit bezweckt, die Nutzung der Naturressourcen für eine lange Zeit, im Idealfall dauernd, zu sichern. Ihr Gebrauch soll also nur so groß sein, wie sie durch die natürliche Regenerationsfähigkeit jeweils ›nachgefüllt‹ werden. Bei Ressourcen, welche die Natur nicht regeneriert, muss man auf das möglichst umfassende Recycling der Ressource setzen – oder auf den menschlichen Genius und auf den Fortschritt der Technik und Wissenschaft hoffen, alternative Ressourcen für den fraglichen Gebrauchszweck zu erschließen.

Das klassische Beispiel ist die Forstwirtschaft. Das Holz war bis weit in die Moderne eine wichtige strategische Ressource der vorindustriellen Zeit. Es diente als Brennholz, neben Ziegeln und Steinen als Baumaterial und als praktisch ausschließliches Konstruktionsmaterial der Schiffe. Außerdem war das Holz dem Menschen von Nutzen, schon bevor er die Bäume geschlagen hat – die Wälder hielten Wasser zurück und schützten die Täler vor Lawinenniedergängen und Unwettern. Es überrascht deshalb nicht, dass der Begriff der Nachhaltigkeit im Sinne der Ressourcenerhaltung bereits zu Beginn des 18. Jahrhunderts vorkommt, und zwar im Bezug zur Waldnutzung: Durch obrigkeitliche Dekrete wurde verfügt, dass nur so viel Holz zu schlagen ist, wie jeweils nachwächst. In den Alpengebieten Deutschlands, Österreichs und der Schweiz haben dann schwere Naturkatastrophen in den Talgemeinden dazu geführt, dass die Abholzung der Bann- und der übrigen Wälder auf den steilen Berghängen gesetzlich geregelt wurde, in der Schweiz beispielsweise durch ein Bundesgesetz von 1876. In seiner Untersuchung der Gründe, warum prähistorische bis moderne Gesellschaften untergehen, nennt Jared Diamond[68] fünf Gründe: Umweltschäden, Klimaveränderungen, feindliche Nachbarn, fehlende Hilfe freundlicher Handelspartner und die richtige oder falsche Reaktion der Gesellschaft auf ihre Umweltprobleme (und mithin das Verkennen des Anliegens der Nachhaltigkeit). In älteren Gesellschaften war das Abholzen von Wäldern oft der Hauptgrund für den Untergang der Gemeinschaft.

Auch wenn man einige erneuerbare Ressourcen ausmachen kann – so das erwähnte Holz oder Getreide, ganz allgemein landwirtschaftliche Produkte einschließlich der Tiere, aber auch die Energiequellen Sonne, Wind und Wasser –, musste schon das Steinzeitalter auf die nicht erneuerbare Ressource Feuerstein (und anderer geeigneter Steinarten) für die Herstellung der Werkzeuge und Waffen zurückgreifen, auf den *Stahl der Steinzeit*.[69] Immerhin waren die steinzeitlichen Gruben, in denen der Feuerstein abgebaut wurde, gemessen am Verbrauch ergiebig genug, so dass man sie noch heute hätte betreiben können. Ein Recycling dieses Naturprodukts wäre allerdings unmöglich gewesen.

Für die technisch fortgeschrittenen artifiziellen Rohstoffe der Moderne, wie Stahl, Glas oder Beton, ist das Recycling möglich und wird auch praktiziert: Alteisen und andre Metalle werden gesammelt, und getrennt eingeschmolzen; Glas ebenso; alter Beton wird zermahlen und als Zuschlagsstoff im neuen verwendet. Die Ausbeute ist jedoch nie hundertprozentig, schon das Einsammeln des Altrohstoffs gelingt nur partiell, ein Teil des Rohstoffs geht durch Korrosion und Abnutzung verloren und wird in die Umwelt dispergiert, durch das Einschmelzen gelangen in den neuen Rohstoff unerwünschte Beimengungen, die Reinigung ist nur durch

68 Diamond, Jared: *Kollaps. Wie Gesellschaften überleben oder untergehen.* Frankfurt a. M. 2011 (Orig. engl. *Collapse. How Societies Choose to Fail or Succeed.* New York 2005).

69 So der Titel einer Ausstellung im Deutschen Bergbau-Museum Bochum, 24. Oktober 1980 bis 31. Januar 1981.

energieintensive Verfahren möglich. Eine nachhaltige Zivilisation *sensu stricto* ist somit nicht möglich – der Begriff ›Nachhaltigkeit‹ erweist sich als einer jener Begriffe, »über die man sich einigen kann«, die aber durchaus flexibel gehandhabt werden müssen. Auch die erneuerbaren Energien Photovoltaik und Windkraft benötigen für den Prozess der Energiegewinnung Rohstoffe, die man nur zum Teil recyceln kann – Stahl und Aluminium, Beton für Fundamente, Kunststoffe für die Rotorflügel, Kupfer für Kabel ... so dass das Wort ›erneuerbar‹ eigentlich falsch ist und zu falschen Assoziationen führt. Korrekter wäre eine begrifflich saubere Eingrenzung, etwa ›im Betrieb CO_2-frei‹.[70] Aber das widerspricht dem Gebot der Sprachökonomie und der ökoideologischen Überhöhung der ›Erneuerbaren Energien‹.

Ich möchte mir hier einen kurzen Exkurs in die Thermodynamik erlauben – mit der Bitte um Nachsicht der Fachleute für die Vereinfachung. Jede Zivilisation, jeder Vorgang, ja das Leben selbst bedeutet die Nutzung einer zuvor aufgebauten Ordnung, welche dabei abgebaut, abgenutzt wird. Der für die technische Zivilisation benötigte Stahl wird z. B. durch die Trennung des Elements Eisen vom ›unordentlichen‹ Elementgemenge der vorgefundenen Erze in einem Hochofen gewonnen, und durch Zufügung von bestimmten chemischen Stoffen nach einer genauen Rezeptur veredelt – man baut eine Ordnung auf. Im Gebrauch wird das Messer dann korrodiert, nachgeschliffen, abgewetzt und landet schließlich mit anderen Eisensorten, dem Holz- oder Kunststoff-Schaft und Dreck im

70 Es ist das Schicksal vieler Begriffe, dass sie falsch gewählt worden sind. Z. B. das ›Thermometer‹ (= Wärmemesser), welches die *Temperatur* und nicht die *Wärme* misst. Oder die Atom- statt Kernenergie – die Energie wird ja durch die Spaltung des *Kerns* des Atoms gewonnen. Aber das Atom hat sich im deutschen Sprachgebrauch fälschlicherweise eingebürgert (im Gegensatz zum englischen *nuclear*) und erlaubt der antinuklearen Bewegung, die sprachliche Nähe zu den Atomwaffen auszubeuten (die allerdings ebenfalls falsch benannt worden sind). Auch beim Wort ›erneuerbar‹ werden wir uns an die Unschärfe der Bedeutung gewöhnen müssen.

Altmetall – die Ordnung wurde gestört, abgebaut. Das Leben wird im Uterus der Mutter durch die Zuführung energiereicher Nährstoffe zum Embryo aufgebaut – und hängt von der Geburt an von einer genügenden, kalorienreichen Ernährung ab, bis die Ordnungskräfte des Organismus im Sterben versagen und das Leben vergeht.

Die Wissenschaft verwendet als *Maß für die Unordnung* die *Entropie*, eine Größe, die der Thermodynamik entliehen ist und dort quantitativ definiert ist. Die Entropie hat offensichtlich die naturgesetzliche Eigenschaft, dass sie in einem sich selbst überlassenen, nicht unterstützten Bereich der Wirklichkeit zunimmt, bis eine maximale Unordnung entsteht – Ordnung[71] stellt sich nie von selbst ein, wie alle Messies wissen. Der High-Tech-Stahl wird zum Altmetall, eine nicht unterhaltene Dokument-Ablage gerät durcheinander, ein geladener und stromliefernder Akkumulator entlädt sich auch ohne Gebrauch mit der Zeit, und versagt so seinen ordentlichen Dienst.

Die wissenschaftlich korrektere Formulierung lautet: Jedes von seiner Umgebung isolierte System strebt dem Zustand der maximalen Entropie zu. Beendet man aber die Abschottung und führt dem System von außen Energie zu, so kann man die Entropiezunahme unterbinden – der Zustand der gewünschten Ordnung[72]

71 Um eventueller Konfusionen vorzubeugen – das Wort ›Unordnung‹ wird hier im Sinne einer totalen Durchmischung ohne Plan und Struktur verstanden, wogegen die ›Ordnung‹ dem Zustand einer (meist sinnvollen) Struktur entspricht. Ich will hier in meinem qualitativen Exkurs bewusst auf die mathematisch-physikalischen Einzelheiten und die Verbindungen zwischen der thermodynamischen Statistik und der Informationstheorie etc. nicht eingehen.

72 Systeme mit Energiedurchfluss nennt man dissipative Systeme. Für ihre bahnbrechende Untersuchung und theoretische Beherrschung hat Ilya Prigogine 1977 den Nobelpreis für Chemie erhalten. Seine Leidenschaft galt dem Bereich zwischen der nichtbiotischen Physik und dem zunehmend komplexeren Werden der dissipativen Systeme des Lebens – meine Darstellung der Entropie im Bezug zur Nachhaltigkeit ist hier selbstver-

kann dadurch aufrechterhalten werden. Jedenfalls so lange, wie die Energie fließt. Eine Tasse Kaffee kann man auf eine elektrisch beheizte Wärmeplatte stellen, wodurch sie auch in einer kalten Küche warm bleibt. Sobald aber der Heizstrom abgeschaltet wird, beginnt der Kaffee kalt zu werden. Einem lebenden Organismus muss man Energie durch Nahrung zuführen, damit er nicht verhungert, dem Spielzeugchaos im Kinderzimmer müssen die Eltern durch permanentes Aufräumen begegnen (was bekanntlich besonders energieintensiv ist ...).

Was lehrt dieser Exkurs? Dass eine ausreichende Energieversorgung nicht nur für den Aufbau des Wohlstands essenziell ist, sondern bereits für die *nachhaltige Erhaltung* der Zivilisation, für den Erhalt der ›großen Ordnung des Wohlstands‹ unserer komplexen Gesellschaft. Unsere Welt der begrenzten Ressourcen und Entsorgungskapazitäten mit ihren immer noch wachsenden Ansprüchen an soziale Gerechtigkeit unter den Menschen wie unter den Ländern der Erde wird man nur mit einer wahren Schwemme an sauberer Elektrizität erhalten können – Elektrizität deshalb, weil sie der universelle Energieträger ist, den man in alle anderen benötigten Energieformen umwandeln kann. Änderungen des sozialen Verhaltens werden nötig sein, um die *Akzeptanz der energetischen Umstellung* zu gewährleisten, einen wesentlichen Beitrag zur Reduktion des Energiebedarfs werden die Verhaltensänderungen und alles Recyceln aber nicht leisten können. An der Notwendigkeit eines massiven Ausbaus der karbonfreien Elektrizitätsversorgung statt einer forcierten Umweltaskese führt kein Weg vorbei.

* * *

ständlich sträflich vereinfachend. Will man in die faszinierende Welt der Entropie tiefer eintauchen, führen zwei Bücher weiter: Prigogine, Ilya: *Vom Sein zum Werden. Zeit und Komplexität in den Naturwissenschaften.* München 1979 (primär für Leser, die den ›Jargon‹ der Mathematik beherrschen) sowie Prigogine, Ilya und Stegers, Isabelle: *Dialog mit der Natur. Neue Wege des wissenschaftlichen Denkens.* München 1981 (für Leser, die eher an den narrativen Gleichnissen der Philosophie interessiert sind).

Wir könnten noch einen vierten Betrachtungspfad der Natur anfügen, denjenigen der Ästhetik. Im gewissen Sinne ist er mit dem ersten Pfad verwandt, aber nicht identisch – die romantische Anbetung der Natur setzte eine ›Unberührtheit‹ der Natur nicht voraus, ganz im Gegenteil, man ergötzte sich in kunstvoll angelegten Gärten, bei Wasserspielen und in einer ›zivilisiert wilden‹ Natur. Aber auch eine unberührte Natur hat ihren Wert und ihre Schönheit, besonders sie. Es gehört zu unserer leicht schizophrenen Kultur, dass wir den Wohlstand anbeten, aber die technischen Vorkehrungen dazu nicht sehen wollen und verschämt kaschieren. Hochspannungsleitungen stören uns, der Verkehr sollte möglichst unterirdisch geführt werden, ein Schlachthof soll weit weg von unserem kulinarischen Leben und unsichtbar sein. Wir wünschen zumindest Teile, und zwar beträchtliche Teile unserer Erde als unberührte Landschaft zu erhalten, als Naturparks, als sakrosankte Monumente ursprünglicher Natur – das Organische als ästhetischer Genuss, die Natur als Selbstzweck. Die politischen Kämpfe, die um die Nutzung eines bisher jungfräulichen abgelegenen Bergtals für einen Stausee oder um die Trockenlegung eines Moorgebiets ausgefochten werden, sprechen Bände.

Dabei kollidiert genau dieser ästhetische Anspruch praktisch mit allen ›grünen‹ Lösungen zur Bereitstellung karbonfreier Energie. Sowohl die Photovoltaik als auch die Windkraft ernten Energie niedriger Dichte und erfordern deshalb für die benötigten Energiemengen große Nutzflächen. Eine Farm moderner Windturbinen für z.B. 1 GW effektiver Leistung (installierte Peak-Leistung mal Effizienz) mag viele hundertmal mehr Fläche beanspruchen als ein Kernkraftwerk gleicher Leistung. Die Fläche unter den Rotoren kann zwar landwirtschaftlich genutzt werden, aber wir sprechen hier auch von der Landschaftsästhetik. Der Konflikt zwischen der grünen Energieversorgung und dem Landschaftsschutz ist unvermeidlich, insbesondere in unseren europäischen Verhältnissen mit hoher Bevölkerungsdichte und raren freien Naturgebieten. Wobei die Volatilität der Energielieferung zusätzlich noch Speicheranlagen erfordert, deren Flächenbedarf dazukommt.

Der Mensch hat seit Vorzeiten Eingriffe zur Anpassung der Natur an seine Bedürfnisse vorgenommen, in der Annahme, dadurch auch der Natur zu dienen bzw. ihr zumindest nicht zu schaden. So wurden in den letzten zwei Jahrhunderten viele Flussläufe begradigt, Moore trockengelegt, man sprach von Hydro- und Bodenamelioration. Es zeigte sich jedoch, dass die Eingriffe, statt zur Besserung der natürlichen Verhältnisse zu führen, diese nachhaltig schädigten. Seit Mitte des letzten Jahrhunderts nimmt man deshalb viele der Maßnahmen wieder zurück, man renaturiert, legt alte Auenlandschaften frei, wildert Biber aus, um Fließgewässer und natürliche Böden aufzuwerten ... Heute müssen wir aufpassen, dass wir die flächenhafte Beanspruchung der Landschaft durch erneuerbare Energien nicht in einigen Jahren wieder zurücknehmen müssen, um Solarfelder und Windradfarmen aufwendig zu renaturieren.

* * *

Es bleibt, dem bisweilen erhobenen, extrem moralisierenden Vorwurf nachzugehen, dass der Mensch bereits durch seine pure Existenz die natürliche Umwelt des Planeten egoistisch zerstört. Kein anderes Lebewesen stelle eine so große globale Gefahr dar wie der Mensch, nur er bedrohe die Existenz des Lebens auf dem Planeten – der Mensch sei eigentlich eine Fehlentwicklung der Natur.

Der Vorwurf entbehrt der Berechtigung, denn der Mensch ist keine Ausnahmeerscheinung. Auf der Erde gibt es keine spurlose Existenz, *kann* es schon aus Entropiegründen keine spurlose Existenz geben. Alle Lebewesen sind auf die materiellen und energetischen Ressourcen der Erde angewiesen. Keine Spezies schwebt engelsgleich außerhalb der materiellen Natur, keine Libelle und kein Trampeltier, kein Regenwurm und kein Känguru. Und bisweilen sind es die kleinsten Organismen, die wegen ihrer Menge den größten Einfluss auf ihre Umwelt ausüben. Wir stehen begeistert vor majestätischen Bergen, dem Inbegriff des anorganisch Mineralischen, und realisieren nicht, dass praktisch ein jedes Molekül

z. B. der Jura-Bergkette durch den Verdauungstrakt irgendeiner Mesozoikum-Molluske gegangen ist und zu ihrem Energiehaushalt beigetragen hat, bevor es als Kalziumkarbonat die Sediment-Schichten des Massivs gebildet hat. Große Teile mineralischer Erde haben einen biogenen Ursprung, Lebensspuren finden sich auf der Erde bereits in den ältesten Gesteinen. Kaum hatte sich der jugendlich heiße Planet soweit abgekühlt, dass sich eine feste Kruste bilden und der Wasserdampf zu flüssigem Wasser kondensieren konnte, schon erschienen erste organisch chemische Strukturen. Moderne Analyse- und Datierungsmethoden erlauben es, Spuren des Lebens bereits im Gestein der frühesten Erdgeschichte zu finden.

So kann man Überbleibsel primitiver Mikroorganismen in 3,5 Milliarden Jahre alten Mineralien nachweisen, d. h. bereits eine Milliarde Jahre nach der ›Geburt‹ des Planeten Erde. Knapp eine weitere Milliarde Jahre später siedelten sich an den Wänden heißer Quellen im Meeresboden, in ausgedehnten Biofilmen der Krater der sogenannten Schwarzen Raucher Protocyanobakterien und andere anaerobe Mikroorganismen an. Die versteinerten Überreste dieser Filme – sogenannte Stromatolithen – können wir heute als Zeugen der frühen Erdgeschichte befragen. Die anaeroben, also ohne Sauerstoff lebenden Bakterien entwickelten mit der Zeit eine effektivere Form der Gewinnung freier Energie, die oxygene Photosynthese, bei der als Abfallprodukt Sauerstoff O_2 entsteht. Der freigesetzte Sauerstoff oxidierte zunächst während einiger hundert Millionen Jahre verschiedene im Wasser gelöste, leicht oxidierbare Stoffe – so das zweiwertige Eisen Fe^{2+} zu dreiwertigem Fe^{3+}. Die sich bildenden Eisenoxide fällten als Erzvorkommen aus, und färbten die ursprünglich basaltschwarze Erde rotbraun – die uns heute gewohnte Farbe der frisch gepflügten Felder.[73] Es waren Ausscheidungen winziger Mikroben, die einen globalen Effekt auslösten. Später, als der Vorrat an oxidierbaren Substanzen in den Ozeanen vor rund 2,4 Milliarden Jahren zur Neige ging, wurde der produ-

73 Der Boden frischer Vulkanasche ist schwarz-grau.

zierte Sauerstoff O_2 massiv in die Ur-Atmosphäre freigesetzt. Diese bestand zu damaliger Zeit (so wird angenommen) vorwiegend aus Wasserdampf und Methan. Der Sauerstoff oxidierte das Methan zu CO_2 und Wasser, wodurch im Wesentlichen unsere heutige Atmosphäre entstand – eine weitere globale Spur der archaischen Winzlinge. Mit dem Sauerstoff der Luft atmen wir heute die Flatulenz der zweieinhalb Milliarden Jahre alten Protobakterien ...

Es kam damals zum größten Eingriff von Lebewesen in die Erdgeschichte, zur sogenannten ›Großen Sauerstoffkatastrophe‹. Der Sauerstoff ist für anaerobe Organismen giftig, so dass diese nahezu vollständig ausgelöscht wurden und Platz machen mussten für Lebewesen, die sich an das Leben mit Sauerstoff angepasst haben. Durch den Eintrag des Sauerstoffs in die Atmosphäre wurde das Treibhausgas Methan, das die Erde übermäßig warmgehalten hat, wegoxidiert und durch CO_2 ersetzt, das einen wesentlich schwächeren Treibhauseffekt hat. Die Erde wurde in der Folge kälter, und während der rund 300 Millionen Jahre zwischen 2,3 und 2,0 Milliarden Jahren vor der Gegenwart kam es zu der berühmten ›Huronischen Eiszeit‹. Damals war die Erde praktisch vollständig von Eis bedeckt – man spricht von der ›Schneeballerde‹ –, wobei praktisch alle bis dann entwickelten Organismen ausgestorben sind. Und das alles wegen des Auftretens oxygener Mikroben! Waren diese eine ›Fehlkonstruktion‹ der Entwicklung?

Nein, der Begriff ›Große Sauerstoffkatastrophe‹ ist nicht ganz zutreffend – warum neigen wir im deutschsprachigen Raum dazu, überall eine Katastrophe zu wittern? In der englischen Fachliteratur wird wertneutral vom *great oxygenation event* gesprochen, was eine wesentlich bessere Umschreibung der Geburt einer für uns lebenswichtigen sauerstoffreichen Atmosphäre ist. Die ›Katastrophe‹ entpuppte sich nämlich als Segen, der reichlich verfügbare Sauerstoff öffnete der Evolution der Organismen neue Möglichkeiten. Oxidationsprozesse bieten den Lebewesen viel mehr freie Energie an als anaerobe Alternativen. Das Leben musste zwar mehr oder weniger neu erfunden werden, entwickelte sich dann aber schneller als vorher, bis es in der sogenannten ›Kambrischen Explosion‹

zu Beginn des Kambriums vor 541 Millionen Jahren zur Ausdifferenzierung der Lebewesen in die meisten noch heute existierenden Formen und Stämme kam. Den Homo sapiens gäbe es ohne die übermäßige Gasentwicklung der präkambrischen Mikroorganismen nicht – und seinen Wohlstand und seine Probleme auch nicht.

Warum dieser Exkurs in die Paläogeologie? Um uns zu vergegenwärtigen, dass eine jede Spezies auf der Erde einen Fußabdruck hinterlässt, nicht selten einen globalen. Die kurze Beschäftigung mit dem Phänomen der Entropie dürfte gezeigt haben, dass kein Lebewesen auf der Erde ohne die Nutzung der von der Natur bereitgestellten Ressourcen leben kann – der Mensch ist nicht ein einsamer Sünder gegen die Natur, sondern umgekehrt die erste Spezies, die die Beanspruchung der Natur reflektieren und verstehen kann, und zunehmend zu begrenzen versucht. Mit der Einsicht in die naturwissenschaftlichen Zusammenhänge, mit der Erkenntnis der überragenden Rolle der Verfügung über Energien, welche die Natur nicht belasten, könnte er seine Eingriffe in die materiellen Ressourcen des Planeten auf einem unbedenklichen Niveau halten. Und wird es auch tun müssen, wenn er weiter existieren will. Die Voraussetzung ist allerdings, dass der Mensch nicht den Schlagworten der unwissenschaftlichen Ökoromantik verfällt, sondern einer naturwissenschaftlich korrekten Argumentation folgt. Dann besteht zwischen seinem Wohlstand und der Natur kein prinzipieller Widerspruch.

7

Technik und Kultur

Ursprünglich wollte ich dieses Kapitel mit »Kultur und Zivilisation« überschreiben. Zivilisation im Sinne einer menschlichen Gesellschaft, deren soziale und materielle Existenz heute primär durch den wissenschaftlichen und technischen Fortschritt bestimmt ist und die von der Politik und Wirtschaft gestaltet wird. Der Begriff Kultur steht dann für unser humanes Dasein, das bestimmte Werte und Verhaltensweisen widerspiegelt, schafft und erhält. Beide Begriffe werden durch ihre Abgrenzung zu unberührter Natur definiert, beide beanspruchen auch eine Beziehung zur Kunst – die Kultur zu den *schönen* Künsten, die Zivilisation zur Technik, zu den *praktischen* Künsten, den *artes mechanicae*, wie sie bis zur Renaissance genannt worden sind. Sowohl die Kultur als auch die Zivilisation gehören zu jener Klasse der flexiblen und unscharfen Begriffe »über die man sich nur ungefähr einigen kann«, die also »von Bedeutung« sind. Beiden gemeinsam ist der biblische Auftrag, »macht euch die Erde untertan«.

Stattdessen entschied ich mich für »Technik und Kultur«, weil der Aspekt der technischen Bewältigung der Probleme unserer Welt in meinen Betrachtungen dominiert. Aber es hätte eben auch Zivilisation stehen können, weil es etwas ungerecht ist, die gefühlten Negativa der vom Alten Testament befohlenen Unterwerfung der Erde, unser Unbehagen am Wohlstand, allein den unerwünschten Nebenwirkungen der bösen Technik anzukreiden und die manifesten sozialen Errungenschaften der erwünschten Demokratie allein der Kultur gutzuschreiben. Und weil unsere abendländische Zivilisation durch beide bestimmt wird, durch die wissenschaftsbasierte Technik, aber auch durch die Geistes- und Humanwissenschaften und die Künste der Kultur.

Einen überraschend poetischen Zugang zu unserem Thema bietet ausgerechnet ein theoretischer Physiker, Professor Carlo Rovelli. Rovelli evoziert in seinem wunderbaren, leserfreundlich geschriebenen Buch über die moderne Physik die Atmosphäre eines abendlichen Lagerfeuers steinzeitlicher[74] Jäger, wo über die Jagd des Tages debattiert wurde und wo der Unterschied zwischen den wortkargen Jagdprofis und den wortgewaltigen Magiern des Stammes auffiel.[75] Die Jäger waren gut im Lesen und Deuten der Spuren des Wildes, in der Beherrschung der Taktik der Einkreisung der Tiere, in der Aktion eines überraschenden Angriffs. Die Magier erzählten schöne Legenden von der mythischen Göttin der Tiere, welche den Menschen ob der Abschlachtung ihrer Söhne und Töchter zürnt, über die Rache, die den Jägern bevorsteht und die nur durch Sühne und Opfer abzuwehren ist. Irgendwo an diesem

74 Irgendwie landen unsere Betrachtungen zur Technik und Gesellschaft immer im Neolithikum – eigentlich nicht überraschend, weil die jungsteinzeitliche Revolution mit ihrer beginnenden Zuwendung zu Metallen die Technisierung der menschlichen Gesellschaft einleitete.

75 Rovelli, Carlo: *Seven Brief Lessons on Physics.* New York 2014, S. 69.

knisternden Feuer entstand nach Rovelli die Teilung der menschlichen Gesellschaft in die Praktiker der Lebensbewältigung und die Deuter des Transzendenten, welche die Ängste der empathischen, aber hungrigen Jäger zuerst anstachelten und dann für die Besänftigung ihres schlechten Gewissens sorgen konnten. So kam es zur Unterteilung der Gesellschaft in die Adepten der Technik und diejenigen der Kultur. Beides war nötig, die Praktiker hatten aber einen Vorteil, denn »hatte man die Antilope erlegt, so hatte man etwas zum Essen«. Die Magier und Deuter der Transzendenz hatten einen anderen Vorteil, die unüberwindliche Angst der Jäger vor dem Unbekannten, vor dem Schicksal und der Rache der Götter, vor dem unfassbaren Tod. Und diese Angst machte die Jäger gefügig und ernährte die Magier. Die Jäger bedienen den Hunger, die Magier die Metaphysik der Gefühle.

Haben sich die Jäger zu unseren Handwerkern und Technikern entwickelt und die Magier zu den Wissenschaftlern? Nein, Rovelli macht auf den Umstand aufmerksam, dass eine jede Wissenschaft *sensu stricto* evidenzbasiert ist – es waren die Jäger und nicht die Magier, welche die Spuren der Tiere lesen konnten und lernten, aus diesen ihr Verhalten vorherzusagen, die saisonalen Wanderwege der Herden zu verstehen und ihre Jagdtaktik zu optimieren. Zumindest die empirische Wissenschaft verdanken wir der Praktikern. Und die Beobachtung der Welt ist die Voraussetzung und der Beginn auch ihrer wissenschaftlich-theoretischen Deutung, der Hypothesen, der Theorie. Den Magiern blieb der andere Weg offen, der zu den schönen Künsten und zur Metaphysik, zur Philosophie, zur Theologie, zur Rhetorik. Sie machten Kultur – und versuchten die Jäger zu kultivieren. Und so wurde die wissenschaftsbasierte Technik nach und nach der Zivilisation zugeteilt, und die Magier der Mythen bemächtigten sich der Kultur.

* * *

Im deutschsprachigen Kulturbereich wird zwischen Kultur und Zivilisation eher unterschieden, im anglophonen etwas weniger – so bekam Samuel Huntingtons Bestseller von 1996 über Konflikte zwischen verschiedenen Kulturräumen, *The Clash of Civilizations*, in der deutschen Übersetzung den Titel *Kampf der Kulturen*, offensichtlich weil nach der deutschen Diktion der Unterschied zwischen den von Huntington eingehend besprochenen abendländischen und islamischen Zivilisationen weniger im technisch-wissenschaftlichen als im kulturellen Bereich gesehen wurde. Die Kultur wird höher bewertet, die Zivilisation hat den Beigeschmack der Dekadenz – nach Oswald Spengler durchläuft jede Gesellschaft mehrere Stadien der Kultur, um zuletzt zur Zivilisation zu degenerieren. Es gibt *Hochkulturen*, der Begriff einer *Hochzivilisation* fehlt. Die Wurzeln der Geringschätzung der technisch-wirtschaftlich-organisatorischen Zivilisation gegenüber den seelisch-moralischen Belangen der Kultur sind aber älter, man kann sie schon bei Immanuel Kant nachweisen oder in der griechischen Antike.

In der Sage vom Ikarus und seinem Vater Dädalus misslingt die Flucht aus dem minoischen Gefängnis – den Göttern war die Anmaßung des Vorhabens »wie die Vögel zu fliegen« offensichtlich nicht genehm. Doch das Missfallen der Götter trifft lediglich Ikarus, der zur Sonne fliegen wollte, nur er wird ob seiner Hybris bestraft – das Wachs seiner Flügel schmilzt und er stürzt ins Meer. Dädalus dagegen, der sich an die ›technische Bedienungsanleitung‹ bezüglich der Flughöhe sklavisch korrekt gehalten hat, entkommt der Strafe. Bezeichnend ist vor allem die Rezeption der Geschichte in der westlichen Kunst – es gibt zahlreiche Bilder von Ikarus' Sturz, sein Versagen wird literarisch regelrecht ausgeweidet, es gibt sogar ein sanft feministisches Buch über eine weibliche Ikarin.[76] Der Name seines technisch erfolgreichen Vaters Dädalus wird in der Kunst dagegen sträflich vernachlässigt.

Auch bei den anderen ›technischen‹ Akteuren der griechischen Mythologie interessiert unsere Moderne eher die ihnen zugeteilte Strafe der Götter als die zugrunde liegende Innovation des ›Delin-

76 Hasler, Eveline: *Die Wachsflügelfrau, Geschichte der Emily Kempin-Spyri*. München 1995.

quenten‹. Der Feuerbringer Prometheus bewegt die Literatur primär durch sein grausames Schicksal, das er als Strafe für das Entwenden des göttlichen Feuers erleidet: der unbarmherzige Adler, der täglich die stets nachwachsende Leber des am Kaukasus angeketteten Titanen auffrisst, seine späte Befreiung durch Herakles. Das für den Menschen segensreiche Feuer, der Beginn der menschlichen Zivilisation, wird eher am Rande vermerkt – warum soll man davon viel Aufhebens machen, wir sind ja schon zivilisiert, das muss nicht diskutiert werden. Eine Geringschätzung vorhandener Güter?

Die Ambivalenz im Verhältnis der Kultur zum Techniker und Naturwissenschaftler der Zivilisation wird seit Vorzeiten in der schillernden literarischen und mythologischen Gestalt des Schmieds thematisiert. Uns Heutigen fällt vermutlich als Erstes die prototypische Gestalt des Schmiedes Hephaistos der griechischen Sage ein, der, obwohl göttlichen Ursprungs, von den Göttern vom Olymp verstoßen wird und in der Unterwelt haust, verkrüppelt, mit gebrochenen Beinen, und sich selbst goldene Beinprothesen und den Göttern und ihren Schützlingen Wunderwerke seiner Kunst schmiedet – so Zepter und Donnerkeil für Zeus, Bogen und Pfeile für Artemis, Apollon und Achilles, die Rüstung des Kriegsgottes Ares oder den Dreizack des Poseidon. Doch Hephaistos ist nur eine der vielen schmiedenden Gestalten der Mythologie, der Prototyp eines modernen Technikers, wie er von Sigmund Freud als »Prothesengott«[77] apostrophiert wurde.

Wikipedia (de) widmet diesem Thema unter dem Titel *Schmied in der Kultur*[78] einen ausführlichen Beitrag im Umfang einer kleinen Buchpublikation, der »die herausgehobene gesellschaftliche Stellung und kulturgeschichtliche Bedeutung, die dem Schmied jenseits seiner Tätigkeit als Handwerker seit alter Zeit in Asien, Af-

77 Freud, Sigmund: *Das Unbehagen in der Kultur*. Im Sammelband *Das Unbewußte. Schriften zur Psychoanalyse*. Frankfurt a. M. 1950, S. 366.

78 *Schmied in der Kultur*. Wikipedia – https://de.wikipedia.org/wiki/Schmied_in_der_Kultur, zuletzt abgerufen 03.02.2022.

rika und Europa zukommt«, diskutiert. Die Wurzeln der Zwiespältigkeit der technisch-demiurgischen Gestalt des Schmieds lassen sich in ugaritischen und phönizischen Texten finden wie im Alten Testament. Dem metallbearbeitenden Schmied werden nicht nur technische, sondern auch kulturelle Innovationen zugeschrieben, er gilt als der erste Hersteller musikalischer Instrumente – »der musizierende König David wird in der Bibel auch als Schmied vorgestellt und in dieser Funktion vom Koran übernommen«. Neben dem kulturgeschichtlichen Themenkomplex des schon bei Eliade[79] angetroffenen Schmiedes als Meister des Feuers werden dem Schmied magische Kräfte und Verbindungen zu jenseitiger Welt zugeschrieben – der er gemäß der Sage entstammt.

Diese Ambivalenz zwischen der Anbetung und Missachtung der Technik und der Naturwissenschaft, die Verehrung des handwerklich-göttlichen Kreators für seine Wunderwerke und die gleichzeitige Angst vor seinen schamanistischen Kräften, durchzieht die Geschichte des Menschen von den Urzeiten bis heute. Zuletzt konnten wir sie während der Corona-Pandemie beobachten, als der Medizin, der Pharmaindustrie, den Mikrobiologen und dem mRNA-Vakzin die Doppelrolle des Retters vor der Ansteckung und des dämonischen Manipulators der genetischen Grundlagen unserer Existenz zukam.

* * *

Die von Rovelli angesprochene Dichotomie hängt zu gutem Teil mit Kommunikationsproblemen zwischen den beiden Polen der menschlichen Gesellschaft, den mathematisierten Technikern und den kultivierten Magiern des Wortes – sie sprechen zu wenig und oft überhaupt nicht miteinander.

Die Informationsvermittlung zwischen dem Sender und dem Empfänger einer Nachricht gelingt bekanntlich nur dann, wenn

---

79 Eliade, Mircea: *Geschichte der Religiösen Ideen.* Band 1: *Von der Steinzeit bis zu den Mysterien von Eleusis.* Freiburg in Breisgau 1978.

beide Protagonisten denselben Code der Informationsdarstellung benutzen. Wir verstehen eine Botschaft nicht, wenn sie in einer uns fremden Sprache gesprochen, in uns unbekannten Zeichen dargestellt ist, mit einem Wort, wenn uns der Code zu ihrer Entschlüsselung fehlt. Wir stehen andächtig, aber ratlos vor der schwarzglänzenden Diorit-Stele mit dem *Codex Hammurabi* im Louvre, wir bewundern den Stein von Rosetta im British Museum in London, ohne eine blasse Ahnung vom Inhalt der Texte zu haben. Wir müssen nicht in die zwei, drei Jahrtausende ferne Vorzeit gehen, um verständnislos vor einer Informationsquelle zu stehen, schon ein Gespräch mit einem Fremden, der einen seltenen Dialekt spricht, kann eine unerschöpfliche Quelle der Belustigung oder ernsthafter Missverständnisse sein. Und sogar wenn wir die Worte hören, ihren Laut entziffern können – eine Garantie, dass wir ihren *Sinn* verstehen, gibt es nicht. Vieles wird erst aus dem Kontext verständlich, mitunter müssen mehrere Kommunikationskanäle beansprucht werden – ein »Du Lump«, mit liebem Lächeln gesagt, mag eine Liebeserklärung sein, »Du Lump!«, mit zornigem Gesichtsausdruck gebrüllt, mag Verachtung und Abscheu ausdrücken.

Es überrascht deshalb nicht, dass eine jede Profession bestrebt war, eine eigene, möglichst präzise Sprache zu etablieren, um Fehlern in der Kommunikation vorzubeugen, dass eine jede gesellschaftliche Entwicklung mit neuen Worten, Begriffen, Akronymen und Abkürzungen aufwartet, so dass man ohne Kenntnis des neuen Kommunikationscodes verloren ist – die heutige Digitalisierung mag als Beispiel dienen. Hat Ihr Ladegerät einen Lightning-Stecker oder einen dieser ... wie heißen sie doch? Als ich im Schulalter mit den ersten fremdsprachigen Fachartikeln in Berührung kam, musste ich mir zum normalen Wörterbuch jeweils ein zweites der Fachsprache beschaffen, und wunderte mich, dass das zweite kaum weniger dick war als das erste.

Unsere zwei prototype Gestalten der menschlichen Gesellschaft, Rovellis Jäger und Magier, haben denn auch schnell ihre Fachsprachen, ihre Jargons und Stile entwickeln müssen. Der Jäger musste klar ausdrücken können, ob die beobachteten Trittsiegel auf der

Fährte kalt oder warm sind, vom Schmalreh oder einer Schachtel stammen oder dann von einem Urian, und was es sonst noch an uns Laien unverständlichen Fachausdrücken der Jagdsprache gibt. Und die Magier kannten sich aus in den Hierarchien der Geister, Feen und Dämonen, beherrschten das Gespräch mit Verstorbenen und die Verwünschung der Lebenden. Die beiden Bereiche der Kommunikation waren gruppenspezifisch abgetrennt, die Jäger hatten kein Bedürfnis, sich den Magiern und den sonst an der Jagd unbeteiligten Gruppenmitgliedern mitzuteilen – diese wollten ja nur die sprichwörtliche Gazelle, wie diese erlegt wurde, das interessierte sie nicht. Die Magier ihrerseits hüteten eifersüchtig ihre Beschwörungsformeln, ihre Tranceunterweisungen und Rituale vor den nicht Eingeweihten, denn diese waren ihr Geschäftskapital.

Doch es gab eine Asymmetrie. Die Jäger sicherten sich ihre Stellung innerhalb der Gruppe durch die Lieferung der erlegten Wildtiere, sie brauchten keine *public relations*, und wenn sie vor den Nichtjägern mit ihren Fähigkeiten angeben wollten, genügte dazu ein wenig Jägerlatein. Die Magier dagegen waren auf das Wort angewiesen, auf die Überzeugung und Ängstigung und manipulative Erziehung der Gruppe zur Anbetung ihrer Gottheiten. Das Narrativ war ihre Waffe. So entwickelte sich bei den Magiern die Kunst der Rhetorik, der Erzählung, die Beherrschung der Gleichnisse und Legenden, Sagen und heiligen Offenbarungen, der systematischen Religionslehren und der spekulativ-theologischen Gebäude, des Olymps und der Walhalla. Die biblische Sprache der Gleichnisse, unmissverständliche Gebote und Verbote bildeten das Vokabular der zu Geisteswissenschaftlern gewordenen Magier. Die technische Terminologie und später – *horribile dictu* – die Mathematik beherrschte das Denken und Kommunizieren der zu Technikern und Naturwissenschaftlern mutierten Gazellenjäger Rovellis.[80]

80 Die angesprochene Unfähigkeit der Geisteswissenschaftler und Kulturschaffenden einerseits und der Naturwissenschaftler anderseits, miteinander verständlich zu kommunizieren, wurde schon früh thematisiert. Der

* * *

Die kritische Leserin, der geneigte Leser mögen mir die krude Vereinfachung entschuldigen, aber in der Fortführung der Rovelli-Fabel steckt viel Realität. Vor allem die Erwähnung der ersten wirklich artifiziellen Sprache – der Mathematik – kann einen Beitrag leisten. Die Kommunikation wird wie gesagt erschwert bis verunmöglicht, wenn dem Empfänger der Nachricht der Code zu ihrer Entschlüsselung fehlt. Französisch kann zum Beispiel von einem Deutschsprechenden noch einigermaßen leicht erlernt werden, man kann sich zur Code-Entschlüsselung mit einem Wörterbuch behelfen, und heute gibt es Künstliche Intelligenz mit leistungsfähigen Online-Übersetzern. In Englisch ist die Kommunikation noch einfacher, die anglogermanische Sprache ist schon intuitiv leichter verständlich und unser Deutsch hat sich ohnehin bereits stark amerikanisiert – die digitale Jugend spricht mehr *Basic English* als ein gepflegtes Deutsch der klassischen Literatur.

Aber es gibt keine App, keinen digitalen Übersetzer für Mathematik. Und für ihre strikt verschachtelte Logik. Die Physik spricht mathematisch, die theoretische Physik – die Grundlage der Quantenmechanik, der Relativitätstheorie, der Teilchenphysik, der Kosmologie, unserer Computer und der Weltraumfahrt – spricht hohe Mathematik. Mit einem Wort, unsere technisch-wissenschaftliche Zivilisation ist nichts anderes als eine Unterhaltung des Menschen mit der Natur ›auf Mathematisch‹.

Brite Charles P. Snow hat dazu 1959 eine viel beachtete Vorlesung gehalten, die ein breites internationales Echo zur Folge hatte. Snow war Physiker und gleichzeitig ein produktiver und erfolgreicher Romanautor, der beide Denkschulen *à fond* kannte – ich komme auf seinen Beitrag einige Seiten weiter ausführlicher zurück. Die Diskussion zu diesem Thema kann sehr ergiebig sein und wird vermutlich nie aufhören – hier leiste ich dazu einen kleinen ›populär philosophischen‹ Beitrag. Vgl. auch Zorn, Daniel-Pascal: *Die Krise des Absoluten.* Stuttgart 2022, S. 550 ff.

Und um die Sprache ›Mathematisch‹ zu lernen, der quantitativ-logischen Denkweise fähig zu werden, sind mehrere Jahre Studium nötig, ein kurzer Ferienaufenthalt mit einem Sprachkurs in Southampton, Hampshire o. Ä. reicht nicht aus. Wobei die Mathematik nicht zu verwechseln ist mit dem schulischen Rechnen, mit Bruch- und Prozentrechnen und mit Dreisatzaufgaben (was trotz Schulabschluss auch nicht von uns allen beherrscht wird). Auch das Schnuppern an den Grundlagen der Differentialrechnung in den Abschlussklassen des Gymnasiums gibt nur einen Vorgeschmack auf die Fähigkeit, sich in mehrdimensionalen Matrizenräumen gedanklich wie zu Hause zu bewegen.

Nun wird selbstverständlich nicht jeder Ingenieur, Techniker oder Physiker fähig sein, in die skurrile Welt der Quantengravitation oder der Supersymmetrien einzutauchen, aber das Denken mit Quantitäten, die Achtung vor den Größenordnungen sollte ihm ›ins Blut übergegangen‹ sein und das Verständnis technischer Probleme erleichtern. Es bedeutet nicht, dass sich zwei mathematisch ›vorbelastete‹ Fachleute immer einig wären, sie können das Ergebnis ihrer Diskussion wegen übergeordneter Gesichtspunkte durchaus anders interpretieren und unterschiedlichen Nachrichtenquellen Vertrauen schenken, aber zumindest auf der quantitativen Ebene können sie sich einigen. Beispiel aus der Klimadiskussion: Man kann sich über die Berechnung einig sein, mit wieviel Energie wieviel CO_2 der Luft durch CCUS-Methoden[81] entzogen werden kann – was eine der dringenden Maßnahmen des Klimaschutzes ist. Trotzdem kann einer der Kontrahenten die Verfahren der CCUS mit dem Argument ablehnen, dass die Fossilwirtschaft das CCUS zum ›Greenwashing‹ der Kohlenutzung missbrauchen könnte und so den Ausstieg aus der Kohle politisch torpedieren würde. Aber man ›spricht zumindest die gleiche Sprache‹.

Ein Diskurs zwischen einem Techniker und einem Politiker kann aber schwieriger sein, sie werden sich bereits auf der Sachebene kaum je verstehen. Und weil die Politik und die Sozialwis-

81 CCUS – Carbon Capture Utilisation and Storage.

senschaften trotz Anwendung von statistisch-mathematischen Methoden mit technischen Fachkräften nicht ›mathematisch‹ sprechen können, ist dieses Problem in unserer technisch-wissenschaftlichen Zivilisation gewissermaßen systemisch angelegt. Ein Techniker wird in praktischen Lösungen denken – ein Politiker die Akzeptanz der möglichen Lösung beachten, die komplexe Verknüpfung mit anderen anstehenden Problemen und die geschichtlichen Analogien. Beides ist nötig. In seinem Opus über die Staatskunst bemängelt Henry Kissinger, dass ein gewisser Niedergang der politischen Kompetenzen auf der oberen Stufe der politischen Kunst spürbar wird.[82] »Das höhere Schulwesen und die Universitäten des Westens sind noch immer sehr gut darin, Aktivisten und Techniker hervorzubringen; sie haben sich jedoch weit von ihrer Mission entfernt, Staatsbürger zu formen – und unter diesen potentielle Staatslenker«. Technisches Denken ist zwar notwendig, aber »die breite, streng humanistische Bildung, die frühere Führungsgenerationen prägte, ist außer Mode gekommen«. Keiner der Bildungswege »vermittelt viel Wissen über Geschichte oder Philosophie, aus denen sich früher oftmals die Visionen und die Vorstellungskraft großer Staatsmänner speisten.« Aktuelle Beispiele aus unseren Regierungen zu finden fällt nicht schwer.

Die Naturwissenschaftler bemängeln die technische Ignoranz der Philosophen, und diese regen sich auf über die fehlende geistige, »metaphysische« Komponente des technischen Denkens ihrer Kollegen von den naturwissenschaftlichen Fakultäten – beide mit Recht. Die Barriere dürfte von der technischen Seite etwas durchlässiger sein als in der umgekehrten Richtung. Es scheint, dass es für einen geisteswissenschaftlich und kulturell gebildeten politisch Tätigen schwieriger ist, mathematisch-technische Fähigkeiten zu erwerben, als für einen Naturwissenschaftler das semiprofessionelle Dilettieren in Kunst und Kultur. Oder in der Politik – trotz der

82 Kissinger, Henry: *Staatskunst. Sechs Lektionen für das 21. Jahrhundert.* München 2022, S. 529 (Orig. engl. *Leadership. Six Studies in World Strategy.* New York 2022).

energiepolitisch problematischen Entscheidungen der ehemaligen Bundeskanzlerin Angela Merkel.[83] Bisweilen orientieren sich Techniker um, nehmen ein Zweitstudium auf sich und vollbringen Pionierarbeiten auf ihrem neuen Arbeitsgebiet. So hat der Maschinenbau-Ingenieur Robert Musil mit seinem Opus Magnum *Der Mann ohne Eigenschaften* Literaturgeschichte geschrieben, und der Architekt Max Frisch schwankte lange zwischen dem technischen Beruf und seinen literarischen Neigungen, um später Prosa und Theaterstücke von Weltformat zu schreiben. Aber das sind seltene Ausnahmen.

Meine Sichtweise ist vermutlich zu sehr der kontemporären Situation behaftet – Universalgenies der Antike und des Mittelalters entgingen der Rovelli-Dichotomie. Die frühen Erben der Magier des Übersinnlichen waren sich nicht zu schade, auch praktische Überlegungen anzustellen. Die Philosophie wurde als der Versuch verstanden, die Wirklichkeit logisch denkend ganzheitlich zu erfassen. Die Vorsokratiker versuchten gleichermaßen die Natur wie den Geist logisch zu deuten, und Leonardo da Vinci gilt noch heute als das unerreichte Universalgenie. Doch spätesten seit der Entdeckung der Differentialrechnung durch Newton – und definitiv in unserer Touchscreen-Zivilisation der technisch unwissenden User – gibt es keine Universalgenies mehr.

* * *

Die angesprochene Dichotomie der *artes liberales* und der *artes mechanicae* ist seit der Antike nachweisbar, wobei die *artes mechanicae*

83 Und wenn ein Politiker, eine Politikerin zufälligerweise mathematisch-physikalisch vorbelastet ist, so wird er oder sie wegen der politischen Raison auf ihre Kenntnisse verzichten müssen. So passiert beim Entscheid von Dr. Angela Merkel, promoviert auf dem Gebiet der Kernphysik, aus politisch-taktischen Gründen 2011 auf die Kernenergie zu verzichten, bevor ein nichtnuklearer Ersatz gesichert werden konnte. Der Machterhalt war wichtiger als die absehbare künftige Energiekrise.

herabsetzend auch *artes illiberales* genannt worden sind, wegen ihrer Nähe zu Arbeiten, für welche in der Regel Sklaven eingesetzt worden sind – ich habe auf die mit angstvoller Vergöttlichung vermengte Verachtung des Schmiedes im Altertum hingewiesen. Und diese Kluft hat sich erhalten. Sie besteht heute zwischen der Kunst und den Humanwissenschaften einerseits und der mathematischen Naturwissenschaft, insbesondere der Physik und Chemie, und der Technik anderseits. Wobei sich das Problem nicht nur auf die von mir apostrophierten Kommunikationsprobleme beschränkt – es bestehen zwei polare Weltbilder. Charles P. Snow hat 1959 in einer stark beachteten Vorlesung[84] von zwei divergierenden Kulturen gesprochen, in welchen die Intellektuellen seit der frühen Moderne leben, miteinander nicht sprechen können, sich nicht verstehen und eine gegenseitige Abneigung hegen, ja teilweise sogar Hass aufeinander empfinden.[85] Übrigens: Die früher generell übliche Bezeichnung ›Intellektuelle‹ für Gebildete verwendet man heute praktisch nur noch in Bezug auf Literaten und Philosophen, ihre Kollegen von den naturwissenschaftlichen Fakultäten werden summarisch ›Wissenschaftler‹ genannt.

Das Parkett der Diskussion dieser Thematik ist sehr glatt, versuchen wir trotzdem einige Schritte. Snows These besagt verkürzt, dass Literaten, Philosophen und andere Kulturschaffende die im 19. Jahrhundert begonnene industrielle Revolution nicht verstanden und verinnerlicht haben, die das Werk der naturwissenschaftlich aufgerüsteten Technik war. Die Humanwissenschaften werden

---

84 Die im Rahmen der *The Rede Lectures* in Cambridge 1959 gehaltene, inzwischen klassisch zu nennende Vorlesung wurde später als Buch veröffentlicht und führte zu einer weltweiten Diskussion über die zwei divergenten Kulturen der *sciences* und der *humanities*. Snow, Charles Percy: *The Two Cultures and The Scientific Revolution*. New York 1959, hier 2012.

85 Wir erleben dies heute im totalen Unverständnis zwischen den Ökoaktivisten, welche die Energieprobleme nur durch ›erneuerbare‹ – sprich ›natürliche‹ – Mittel lösen wollen, und den Technologen, welche den technisch wirksameren Mitteln Vorzug geben. Man lebt in zwei unterschiedlichen Welten.

deshalb immer noch von Fragen bewegt, welche um 1900 den philosophischen Diskurs beherrschten. Die Welt wird heute aber durch technische Durchbrüche bewegt und es dominieren andere Fragen – und die Philosophie und sonstige *humanities* hinken dieser Entwicklung oft verständnislos hinterher. Jedenfalls schadet diese Spaltung des intellektuellen Potentials der Gesellschaft der Lösung wichtiger Probleme der Weltgemeinschaft.

Vielleicht deutet die Lektüre von Hermann Hesses *Siddhartha* an, welches philosophische Problem C. P. Snow ansprechen will. An einer Stelle seiner Suche nach Erleuchtung hält der Brahmane Siddhartha dem erleuchteten Gotama-Buddha vor, dass seine ›allumfassende Lehre‹ unvollständig sei: »Eines aber enthält die so klare, die so ehrwürdige Lehre nicht: sie enthält nicht das Geheimnis dessen, was der Erhabene [bei seiner Erleuchtung, E. K.] selbst erlebt hat, er allein unter den Hunderttausenden«.[86] Es ist der Unterschied zwischen dem *Wissen* und der abgeklärten *Weisheit*, die auch durch beliebig viel Belehrung und Lernen nicht erreicht werden kann. Die Naturwissenschaften kann man *lehren* und *lernen* – eine politische Philosophie *bekehrt* (vor allem wenn es darum geht, die Menschen zum gemeinsamen Handeln zu bewegen). Die Naturwissenschaft formuliert eine Theorie, im Wissen darüber, dass diese unvollkommen ist und ihrer Verbesserung durch einen neuen Genieblitz harrt. Die Philosophie sucht nach der ultimativen, ›ewigen‹ Antwort. Die Naturwissenschaft ist zufrieden mit einer quantitativen Annäherung an die Wirklichkeit und der Angabe eines Fehlerbereichs. Es ist der Kampf zwischen dem unerreichbaren Absolutum der Philosophie und der ›resignativen Pragmatik‹ der Naturwissenschaft, die sich ihrer Grenzen bewusst ist und den resultierenden Zustand des permanenten Verzichts auf die Vollkommenheit akzeptiert.

Es ist aber auch der Kampf zwischen den nichtquantifizierbar stimmigen Erzählungen der Kultur, deren Legitimierung weder be-

86 Hermann Hesse: *Siddhartha. Eine indische Dichtung.* Gesammelte Werke, Bd. 5, Frankfurt a. M. 1970, S. 381.

wiesen werden muss noch soll, und der profanen Nüchternheit der Naturwissenschaft. An einer Stelle seiner Untersuchung über das postmoderne Wissen schreibt Jean-François Lyotard:[87]

> »Der Wissenschaftler fragt nach der Gültigkeit narrativer Aussagen und stellt fest, dass sie niemals der Argumentation und dem Beweis unterworfen sind. Er ordnet sie einer anderen Mentalität zu: wild, primitiv, unterentwickelt, rückständig, verwirrt, aus Meinungen bestehend, Gewohnheiten, Autorität, Vorurteilen, Unwissenheit und Ideologien. Die Erzählungen sind Fabeln, Mythen, Legenden, gut für Frauen und Kinder. In besten Fall wird er versuchen, Licht in diesen Obskurantismus zu bringen, zu zivilisieren, auszubilden und zu entwickeln«.

Ein tragfähiges Gespräch zwischen den beiden Kulturen findet nicht statt, kann unter solchen Voraussetzungen nicht stattfinden.

Der moderne Mensch schafft durch sein Wissen einen breiten Wohlstand, dessen Grundlagen er mangels Weisheit auch der intellektuellen Eliten nicht versteht, nicht verstehen kann. Und wir ›normale‹ Menschen sind wegen der extremen Spezialisierung unserer Arbeitswelt ohnehin nur ›technisch unwissende User‹.

* * *

Die Abqualifizierung des modernen Menschen als ›technisch unwissenden User‹ bedarf einer Erläuterung. Ich habe mich vor bald 50 Jahren hinreißen lassen, unsere Zivilisation als eine Drucktastengesellschaft zu apostrophieren,[88] weil der Wissenshorizont des Durchschnitts bei der Bedienungstaste unserer Gerätschaften endet und die irgendwie magische Welt ›hinter der Drucktaste‹ uns verschlossen bleibt. Heute sind die meisten Drucktasten durch Touchscreens ersetzt worden, der Wissenshorizont hat sich dadurch aber nicht verbreitert, sondern eher geschmälert. Gleichzei-

87 Lyotard, Jean-François: *Das postmoderne Wissen.* Wien 2019, S. 78 (Orig. franz. *La condition postmoderne.* Paris 1979).

88 Kowalski, Emil: *Die Magie der Drucktaste. Von den unkontrollierten Einflüssen auf unser Leben.* Wien und Düsseldorf 1975.

tig muss man wissen, dass die ›technische Dummheit‹ des durchschnittlichen Homo sapiens durch seine hohe ›operative Intelligenz‹ aufgewogen wird – wir sind bewundernswert gut fähig, unsere Geräte zu nutzen, zu bedienen, obwohl wir ihre Funktion nicht genau erfassen. Und das ist die Erfolgsgeschichte der technisch-wissenschaftlichen Moderne, dass uns die Techniker die Bedienung der technischen Wunder unvergleichlich leicht gemacht haben.[89]

Wir leben in einer Gesellschaft, die in der Lage ist, ihre Mitglieder mit Unmengen technischer Artefakte auszustatten. Wir werden jedoch nicht angehalten, die Funktion der uns umgebenden Geräte und Anlagen zu verstehen – es genügt, wenn wir gelernt haben sie zu *bedienen*. Die Zivilisation reduziert sich auf die Fähigkeit, Dinge zu gebrauchen, die sich andere ausgedacht haben. Wir können technisch dumm sein, bezüglich der uns umgebenden organisatorischen und materiellen Infrastruktur unwissend, und trotzdem genießen wir einen historisch einmaligen materiellen Wohlstand. Diese Unwissenheit ist keine ›Dummheit‹ im Sinne eines kognitiven Defekts, wie er von den Soziologen bisweilen verspottet wird,[90] sondern es geht um den bewussten Verzicht einer arbeitsteiligen Gesellschaft, die User ihrer Artefakte über mehr als die Funktion der Bedienungselemente aufzuklären. Es geht nicht darum, dass ein Teil der Gesellschaft ›wissend‹ und ein anderer ›unwissend‹ wäre, dass es eine Klasse der intelligenten ›Produzenten‹ des Wohlstands geben würde, die alles versteht, und eine

89 Kowalski, Emil: *Dummheit. Eine Erfolgsgeschichte*. Stuttgart 2017. 2. Auflage, Berlin 2022. Im Schachspiel denken fortgeschrittene Spieler in Diagonalen, in Stellungen, in positionellen Vorteilen und in historischen Partien der Weltmeister – müssen aber trotzdem den Zug jeder einzelnen Figur beherrschen. In der technischen Zivilisation genügt im gewissen Sinne die Beherrschung der großen Strategie – die Kenntnis der einzelnen ›Züge‹ kann man spezialisierten Experten hinter dem Vorhang des Touchscreens überlassen.

90 Kahneman, Daniel; Marmion, Jean-François u. a. (Hg.): *Psychologie der Dummheit*. München 2020.

geistig minderbemittelte Klasse der ›User‹, die vom Wissen ausgeschlossen wäre. Es ist das Charakteristikum der extremen Arbeitsteilung unserer Gesellschaft, in der jedermann einen kleinen Teil der Zivilisation versteht und die wissenschaftlichen Grundlagen seines Berufs in der notwendigen (Un-)Tiefe beherrscht, aber niemand alles im erforderlichen Detail erfassen kann – auch ein Nobelpreisträger ist außerhalb seines professionellen Wissensgebiets ein blutiger Laie.[91]

Die Arbeitsteilung beruht auf der Spezialisierung – es hat sich als möglich erwiesen, einen jeden durchschnittlich begabten Menschen auf einem speziellen Gebiet so weit auszubilden, dass er seine (gemessen am Ergebnis) anspruchsvolle Aufgabe beherrscht und die an ihn gestellten Anforderungen erfüllen kann. Mit den

91 Misst man den Intellekt des Menschen an seiner Fähigkeit zu schreiben und zu lesen, so sieht die Geschichte der Zivilisierung des Menschen ironisch aufgefasst wie folgt aus: In den Agrargesellschaften der Vorgeschichte verstand jedermann die Grundlagen des täglichen Lebens, auch wenn einige geschickter und agiler waren – das Fehlen der Schriftlichkeit störte nicht. In der Antike waren elitäre Minderheiten des Lesens und Schreibens fähig, was mit dem Fall Roms verloren ging – doch die Schriftlichkeit hat sich in den Klöstern erhalten. Die Reformation nutzte die Gutenberg'sche Erfindung des Buchdrucks, um das Lesen und Schreiben breiter Schichten zumindest für die kirchlichen Texte zu fördern. Die Aufklärung, bestrebt, mit dem mittelalterlichen Glaubensprimat zu brechen, forcierte mit der Schulpflicht eine säkulare Schriftlichkeit – um zu erkennen, dass es naturgegebene Unterschiede in den kognitiven Fähigkeiten gibt und dass auch eine durchgehende Schriftlichkeit nicht zu einer kartesianischen ›Intelligenz für alle‹ führt. Die technologische Moderne schließlich löste das Problem unterschiedlicher Intelligenz durch die exzessive Arbeitsteilung, so dass *jedermann* nach seinen kognitiven Fähigkeiten selektiv am Produktionsprozess von Artefakten teilnehmen kann, deren Bedienung so einfach ist, dass sie auch *von allen* bedient werden können – unsere Drucktastenzivilisation. Und die Digitaltechnik erweitert heute die Drucktaste zum Touchscreen der Künstlichen Intelligenz, mit der man sprechen ... und auf die Schriftlichkeit wird wieder verzichten können. Der Kreis schließt sich.

Methoden der industriellen Qualitätssicherung kann man sicherstellen, dass erwünschte Ergebnisse auch von angelernten Arbeitskräften erzielt werden. Es ist aber unmöglich, *alle* Mitglieder der Gesellschaft zu ›Universalisten‹ auszubilden, die *auf einem jeden* beliebigen Gebiet einsetzbar wären. Auch der Generalist hat zwar die Fähigkeit, berufsübergreifend strategisch zu denken, und verfügt über ein breites Grundwissen, muss aber diese Breite durch die fehlende Tiefe erkaufen.

Trotzdem kommen wir zurecht. Es ist gelungen, die Gesellschaft so zu organisieren, dass jedermann weiß, welcher Fachmann für sein Problem zuständig ist, wo er nachschlagen kann, wer weiß, wo ein Rat eingeholt werden kann usw. Es ist gelungen, die Artefakte so zu konstruieren, dass ihre Bedienung intuitiv einfach ist und mit wenig Aufwand gelernt werden kann. Ein Fahrzeug hat letztlich nur drei Bedienungselemente, die Bremse, das Fahrpedal und das Lenkrad, ihre Bedienung kann sofort erfasst werden, und kann in kurzer Zeit so trainiert werden, dass sie unterbewusst, instinktiv, ja reflexartig erfolgt. Wir fahren unser Auto, ohne zu denken, genauso wie wir gehen, ohne über die einzelnen Bewegungsabläufe zu reflektieren. Der zeitaufwendigste Teil der Fahrlehre besteht genaugenommen darin, die gesetzlichen Grundlagen des Straßenverkehrs zu verinnerlichen.

Das Beispiel mit dem Auto habe ich gewählt, weil praktisch jedermann in seinem Leben mit der Fahrschule in Kontakt kommt. Es ist uns aber gelungen, auch anspruchsvollere Geräte so zu gestalten, dass sie ein jedes Kind bedienen kann – denken Sie nur an Ihr Handy! Einmal vom Fachmann konfiguriert ist es ohne jede Bedienungsanleitung zu bedienen – mit einer Haupttaste für Ein/Aus und mit einigen Apps mit symbolischen *icons*, die man mit dem Finger berührt. Je weniger man dabei denkt, umso schneller lernt man damit umzugehen. Wir verfügen mit Hilfe des kleinen Touchscreens über Datenmengen, über ›Intelligenz‹, die weit über der Datenverarbeitungskapazität der Rechner bei der ersten Mondlandung eines Menschen im Jahre 1969 liegt. Und haben wir vergessen, wie das mit dem Start der bemannten Raumfahrt vor

50 Jahren war, so geben wir das Stichwort ›Mondlandung‹ per Stimme oder Tastatur ein, und die Information über das hier angesprochene Projekt Apollo 11 erscheint auf dem Bildschirm.

Interessant ist dabei weniger der Fakt, was alles wir bedienen, erfahren, kommunizieren können – das zu erwähnen ist bereits ein Gemeinplatz, der keiner Erwähnung wert wäre. Wir wissen nicht einmal, wie wenig wir wissen müssen, um mit all den Geräten, Dienstleistungen, Gadgets und ernsteren Sachen zurechtzukommen. Niemand denkt darüber nach – wir nutzen die Zivilisation einfach, und würden uns nie als ›unwissende User‹ bezeichnen. Genau umgekehrt – wir sind doch Partner unserer wissensbasierten Gesellschaft! Diese zivilisatorische Selbstverständlichkeit ist die unreflektiert wichtigste Errungenschaft der liberalen Demokratie, ihres Marktsystems und ihrer technisch-wissenschaftlichen materiellen Basis – dass wir uns im täglichen Leben keine Gedanken darüber machen müssen, wie das alles funktioniert. In diesem Sinne leben wir in einer ›mühelosen‹ Zivilisation, in einer ›Leichtigkeit des Seins‹.

Und das hat Auswirkungen, deren wir uns kaum je bewusst werden. Die Bequemlichkeit der technischen Artefakte befeuert unsere Vorstellung, dass der Wohlstand naturgegeben ist. Sie nährt unsere Erwartungshaltung vom automatischen Fortbestands des technischen Fortschritts, sie prägt unser Weltbild. Wir werden förmlich erzogen, Wunder zu erwarten, es entgeht uns der Sinn für das Machbare, die Zufriedenheit mit dem Erreichten. Ein Milliardär fliegt mit seiner Privatrakete mal kurz in den Weltraum – immerhin eine Mediennotiz wert. Eine Woche später macht es ihm ein anderer dieser verrückten Reichen nach, wie hieß er denn gleich?

Aber auch bei uns Normalmenschen nimmt das *Gesetz der Geringschätzung vorhandener Güter* überhand, das Gefühl des Unbehagens mitten im Wohlstand stellt sich ein. Wir haben schlechtes Gewissen angesichts des unbewusst als unverdient empfundenen Wohlstands, von dem wir trotzdem noch mehr erwarten und vor dem wir von Umweltaktivisten und Systemkritikern als Raubbau an der Natur gewarnt werden. Wir verstehen die Kausalketten der technologischen Bereitstellung unserer Güter nicht. Die Größenordnungen, von welchen in den Medien geredet wird, erreichen unser Bewusstsein nur als dimensionslose Rotlichtsignale, die Angaben der verbrauchten Energiemengen in Terawattjahren sagen uns nichts. Wir sind gleichzeitig bereit zu glauben, dass wir vor einer globalen Katastrophe unvorstellbaren Ausmaßes stehen – und dass wir diese durch symbolische Sparübungen und vermehrte Nutzung von Lastfahrrädern unter Kontrolle bekommen. Ein Gefühl der Desorientierung herrscht, die Bereitschaft, sich Populisten und Verschwörungstheoretikern auszuliefern, nimmt zu. Wir schalten lieber das Nachdenken ab, denn weder die Probleme noch die kontrovers diskutierten Auswege erreichen unser quantitatives Verständnis. Warum sprechen diese Experten ›mathematisch‹, warum drücken sie sich so aus, dass wir sie nicht verstehen können?

* * *

Zwischen der Drucktastenzivilisation und unseren Problemen mit dem Wohlstand, genauer gesagt mit den Wohlstandsproblemen als solchen, besteht ein Zusammenhang. Und wir müssen aufpassen, damit wir bei der Lösung der Probleme nicht gleichzeitig auch unseren Wohlstand verlieren, unsere Demokratie, unsere liberalen Freiheiten.

Ein existenziell wichtiger Nachtrag tut Not. *Technologisch* lässt sich nur die Unkenntnis der *technisch-wissenschaftlichen* Zusammenhänge beherrschen. Die organisatorisch-politischen *Grundlagen der Demokratie* dagegen nicht. Wir verstehen zwar auch diese nur rudimentär – etwa in dem Sinne, dass Demokratie herrscht, wenn man frei ist, abstimmen und wählen kann, reisen und demonstrieren darf, dass für sozialen Ausgleich gesorgt wird usw. Die bewährten Verfahren der Technologie helfen dort aber nicht weiter – eine bedienungsfreundliche Demokratie lässt sich nicht so leicht realisieren wie eine Wirtschaft der Touchscreen-Artefakte.

Die Demokratie beruht auf einem umfassenden Konsens über die unbewusste Befolgung demokratischer *Grundsätze*, nicht auf Vorschriften und quantitativen Normen. Sie spricht nicht ›mathematisch‹, um unser Gleichnis zu bemühen, sondern beansprucht eine feste Überzeugung von ihren Vorteilen. Die Demokratie muss gewollt sein, sie kann nicht erzwungen werden. Um frei zu sein, müssen wir auf Teile der individuellen Freiheiten verzichten können. Freiwillig, aus unbewusst vorhandener Einsicht. Nur so können wir demokratische Grundwerte aufrechterhalten und nicht in Anarchie (und daraufhin in Tyrannei) abgleiten. Auch technisch ›dumme‹ User müssen politisch weise, engagierte Demokraten sein. Es gibt keine ›Demokratie-App‹ auf dem Handy.

8

Energie und Moral

Unsere überaus erfolgreiche Zivilisation ist in der Lage, uns durch Unmengen technischer Artefakte auszustatten, ohne dass wir die Technologie hinter den Geräten und Anlagen verstehen müssten – es genügt, ihre Bedienung zu beherrschen. Die Zivilisation reduziert sich auf die Fähigkeit, Dinge zu gebrauchen, die sich andere ausgedacht haben. Und diese Fähigkeit haben wir kultiviert. Wir sind wahre Meister ›operativer Intelligenz‹ – jedes Kind beherrscht die Bedienung seiner Handys und Spielcomputer und das Gaming hat sich zu einer eigenständigen Disziplin der Bedienungsvirtuosität entwickelt, mit internationalen Wettbewerben und einem Markt von über 100 Milliarden US-Dollar jährlich. Unsere Kinder werden mit Fingern auf ihren Tastaturen und Konsolen sozialisiert. Gibt man einem Säugling eines dieser alten Kleinkinderbücher mit dicken Bilderseiten aus Karton, so blättert er nicht – er wischt wild über das Bild und fängt an zu schreien, weil nichts passiert.[92]

Diese partikuläre Intelligenz der User verhindert, dass wir unsere Ignoranz wahrnehmen. Wir glauben, die Technik zu beherrschen, und finden unseren Wohlstand nur zu gern naturgegeben. Sollte man nicht erwarten, dass wir uns dessen bewusst werden? Dass daraus eine gewisse ›intellektuelle Bescheidenheit‹ resultiert? Etwa aus der Überlegung: »Ich habe zu all' dem Wohlstand kaum etwas beigetragen und darf trotzdem alles nutzen?« Nein, diese Einsicht bleibt uns verschlossen, wir merken unsere kognitiven Beschränkungen nicht. Im Gegenteil, die ›unerträgliche Leichtigkeit‹ der technischen Zivilisation, alles zu nutzen, alles bis an die Grenzen des Möglichen auszureizen, geht mit dem Gefühl der Überschätzung der eigenen Fähigkeiten zusammen. Es gibt diese Überlegenheit des Laien, der sich einem jeden Experten übergeordnet weiß, aber das ist nichts Neues, über die Weisheit der Biertischgespräche lachten schon unsere Altvorderen. Nur ist die Ignoranz der Grundlagen unserer mühelosen Existenz heute gefährlicher, weil der Wohlstand unserer technisch-wissenschaftlichen Zivilisation von technologisch richtigen Entscheiden existenziell abhängt. Und Regierungen, die aus Laien bestehen, welche bei ihren Entscheiden die politische Raison dem Fachwissen vorziehen, ja vorziehen müssen, laufen wegen der laienhaften Überbewertung gutklingender Begriffe wie Erneuerbarkeit, Natur oder Nachhaltigkeit durch ihr Volk meist in strategische Sackgassen. Man sah es besonders krass am Projekt der Nordsee-Pipeline North Stream zwischen Russland und Deutschland: Das Land hat sich durch den vorzeitigen, technologisch nicht sinnvollen Ausstieg aus der Kernenergie bei der Stromversorgung in Abhängigkeit von dieser einen Energiequelle und folglich von einem Großlieferanten begeben – von Russ-

92 Zumindest habe ich das schon um das Jahr 2010 erlebt, wenige Jahre nach dem Aufkommen der ersten Handys. Unsere Kinder lernen bemerkenswert schnell, sich der digitalen Zivilisation anzupassen.

land. Und das war der eigentliche Grund, dass die deutsche Regierung während der Invasion der Ukraine durch Russland nicht so reagieren konnte, wie man es von einem wichtigen NATO-Mitglied hätte erwarten dürfen – die Peinlichkeit der Zusage einiger Tausend Schutzhelme statt Waffen blieb ihr nicht erspart.

Die Überheblichkeit des technologisch ignoranten und moralisch verführbaren Users ist zu einem ernsten Problem der Gegenwart geworden. Nicht zu diesen ›Experten ohne Gesamtblick‹ zu gehören, sondern zu den Menschen mit dem ›gesunden Menschenverstand‹, erlaubt es, von der Gentechnik bis zur Abfallentsorgung und Zähmung von Putins Intervention in der Ukraine zu allem die eine einzige absolute Wahrheit zu kennen. Ich denke an die Ideologisierung der Diskussion über Sachfragen, an den Vorrang der Ideologien vor vielen technologischen Lösungen – in den Feuilletons häufen sich Artikel über die religionsnahe Behandlung politischer, ethischer und technischer Fragestellungen.[93] Dogmatiker haben das Sagen, orthodoxer Puritanismus beherrscht die Argumente der Diskussion, vor allem wenn gesellschaftliche Bezüge erkennbar sind. Es greift sicher kurz, die Religionsaffinität so unterschiedlicher Bereiche wie des Rassismus oder der Klimakrise allein der Ignoranz unserer Wohlstandsgrundlagen anzulasten. Die fehlende kognitive Durchdringung der Problematik führt aber dazu, dass der gesunde Menschenverstand bald durch die ›richtige‹ Gesinnung[94] ersetzt wird, dass moralisierende Argumente dort bemüht werden, wo ein mathematisch-logisches Kalkül angemessener wäre. Ein selbstgerechter Moralismus gesellt sich zu technischer Ignoranz, mit dem Ergebnis einer unheilvollen Spaltung der Gesellschaft.

---

93 Ich greife nur zwei aktuelle Beispiele auf, deren Veröffentlichungen zwei Wochen nacheinander liegen: Joffe, Josef: *Klimatismus als Religion.* NZZ vom 28. Januar 2022, und Ribi, Thomas: *Antirassismus ist zur Religion geworden.* NZZ vom 17. Februar 2022.

94 Vgl. Lübbe, Hermann: *Politischer Moralismus. Der Triumph der Gesinnung über die Urteilskraft.* Berlin 1987.

Jedes konkrete Problem eignet sich zur Spaltung der Gesellschaft. Die Corona-Pandemie hat uns zunächst nach wirksamer Impfung sehnsüchtig rufen und warten lassen – wir feierten die englische Großmutter, welche die erste Spritze des begehrten Wirkstoffs in Europa erhalten hat und im Fernsehen dafür prominent vorgeführt wurde. Die zunächst sehnlichst erwartete Impfung musste anfänglich nach den Gefährdungs- und Relevanz-Kriterien zugeteilt werden. Es kam zu Unregelmäßigkeiten bei der Vorzugsbehandlung einzelner Personen, Milliardäre flogen nach Dubai, weil man dort gegen Bezahlung sofort geimpft werden konnte. Dann hat die Industrie geliefert, das Vakzin stand in großen Mengen zur Verfügung und verlor die Aura des Unerreichbaren. Und prompt hat ein Teil der Gesellschaft realisiert, dass der mRNA-Wirkstoff etwas mit der ›bösen‹ Genetik zu tun hat, und die Stimmung kippte um – plötzlich war nicht die Zuteilung das Problem, sondern die Ablehnung der Impfung durch einen besorgten Teil der Bevölkerung. Verschwörungstheorien[95] über Impfstoff als Vehikel zur Chipeinpflanzung kamen auf, die düsteren Manipulationsabsichten von Bill Gates, Ängste vor Unfruchtbarkeit oder Potenzschwäche wurden kolportiert, jedenfalls ein Gemisch aus einigen berechtigten, plausiblen Sorgen mit vielen abstrusen Bedenken, die schließlich zu gewaltsamen Straßenprotesten führten und zu heftigen Diskussionen über Impfzwang. Wohlgemerkt – ich spreche nicht die berechtigte Sorge vor potentiellen Nebeneffekten der erst notfallmäßig zugelassenen Impfstoffe an, sondern das Gefühl von uns Durchschnittsbürgern, den Spezialisten grundsätzlich überlegen zu sein – die übrigens genau gewusst haben, dass ihre Angaben zur Wirksamkeit und zu möglichen Nebenwirkungen des jeweiligen Vakzins mit einiger Ungenauigkeit behaftet waren. Der Mainstream hat sich aber mangels Verständnis der Fakten bereitwillig

95 Ist den Verschwörungstheorien und dogmatischen Religionen nicht der Glaube gemeinsam, dass hinter der sichtbaren, durch Sinne erfahrbaren Welt irgendein logisch nicht erfassbares Geheimnis existiert, eine unergründliche metaphysische Macht?

dem nicht nachprüfbaren Verdacht hingegeben, die Fachleute hätten aus niederen Beweggründen, im Dienste ihrer profitorientierten Arbeitgeber zu Unmoral angehalten, bewusst gelogen und falsche Informationen geliefert.

Doch Corona ist nur am Rande unser Thema, das Kapitel trägt den Titel »Energie und Moral«. Auch auf dem Feld der Energieversorgung kam es zur Spaltung der Gesellschaft. Welche Technologie ist geeignet, die Belastung der Atmosphäre durch Treibhausgase zu vermeiden? Und welche wird von Nebenwirkungen auf Mensch und Umwelt begleitet? Einige Technologien mochten zwar für eine CO_2-freie Luft perfekt sein – wurden aber mit dem Kainsmal versehen, nicht ökologisch zu sein. Außerdem gesellte sich zu den eher technischen Aspekten der Kostenwahrheit, des Unfallrisikos oder der Kollision mit anderen Anliegen der Gesellschaft die genuin moralische Frage, wer ist mehr und wer weniger verantwortlich für die bereits erfolgte Belastung der Atmosphäre, wer hat den bereits vorhandenen Temperaturanstieg verursacht und wer ist das Opfer.

* * *

Bei der Ökologie der Atmosphäre geht es stets um globale Gesichtspunkte, weil die Treibhausgase durch keine Vorhänge an den Grenzen der souveränen Staaten und der Kontinente zurückgehalten werden und wir alle über die gleiche Atmosphäre verfügen. In der globalisierten Welt der warenmäßigen und digitalen Vernetzung gibt es auch keine Inseln, die vom Rest der Welt isoliert sind. Dies ist bekannt und gibt uns die schöne moralische Genugtuung, uns über die historische Schuld der USA zu empören, der ersten hochindustrialisierten Großmacht der Welt, die dementsprechend auch die höchste bisher kumulierte Menge von CO_2 in die Atmosphäre ausgestoßen hat. Oder über die rezenten Sünden Chinas, das im Bestreben, die erfolgreiche Industrialisierung ihrer südöstlichen Randregionen auf das Innere des Landes auszudehnen, gegenwärtig den höchsten CO_2-Ausstoß der Welt hat. Wir möchten den Import vom ›grauen‹ CO_2[96] durch CO_2-Zölle vermeiden und realisieren nicht, dass die Gasmenge wegen der Bewegung der Luftmassen möglicherweise schneller bei uns war als die aus Silicon Valley oder Shanghai importierte, durch ›graues‹ CO_2 belastete Ware.

In Bezug auf das Klima ist die Welt schon lange ein globales Dorf. Dass die globalen Umweltprobleme global gelöst werden müssen, ist eine Binsenweisheit. Und dass es dabei Ungerechtigkeiten und Nachholeffekte gibt, wird nicht bestritten. Die internationale Staatengemeinschaft versucht, diese in diversen UN-Gremien und in vielen periodisch stattfindenden Klimakonferenzen zu lösen. Anerkannt wird, dass die wirtschaftlich Starken den wirtschaftlich Schwächeren helfen müssen. Probleme resultieren aber aus der quantitativen Erfassung der Schulden und Ansprüche. Die Treibhausgase verteilen sich zum Beispiel in der Atmosphäre zwar weitgehend gleichmäßig, wegen topographischer Unterschiede ist die Wirkung auf die Gesellschaft aber lokal unterschiedlich. Mag eine Zunahme der mittleren Temperatur um 2 °C in einem schattigen Gebirgstal problemlos zu ertragen sein oder gar erwünscht, kann sich der gleiche Effekt in ariden Bereichen der Erde verheerend auswirken.

Kein Land, keine Region kann sich vor den Folgen der Einleitung des CO_2 in die Atmosphäre autonom schützen. Oft leiden unterentwickelte Regionen ohne viel Industrie besonders, obwohl sie zum Treibhauseffekt kaum beitragen. Das zunächst technologische Problem wird zu einem psychosozialen Dilemma. Wer ist wo-

96 ›Grau‹ bezeichnet in der Terminologie der Umweltwissenschaften »diejenigen klimaaktiven Komponenten, die im Material eines Produkts irgendwie enthalten ist«. Ein E-Auto z. B. stößt im Betrieb kein CO_2 aus, aber zu seiner Herstellung wurde Stahl, Kupfer, Kautschuk etc. gebraucht, bei deren Herstellung viel CO_2 verursacht wurde – dieses wird als ›grau‹ bezeichnet. Wenn also Deutschland die CO_2-intensive Herstellung eigener Autos einstellen, und stattdessen chinesische Autos importieren würde, würde man das eigene CO_2 nach China verlagern respektive das dort erzeugte graue CO_2 mit den Autos virtuell ›mitimportieren‹.

für verantwortlich, wer hat wie viel Kosten zu tragen, wer hat Anspruch auf Hilfe? Ist ein Land zu bestrafen, weil es viel CO_2 ausstößt, aber als Werkbank der Welt gilt und überproportional zum Wohlstand der Welt beiträgt? Ist ein Land Opfer, weil seine Bewohner einen ökologisch problematischen Ort der Erdkruste als Bleibe gewählt haben, der unter der Klimakrise besonders leiden wird? Ist die Schweiz etwa zu entschädigen dafür, dass ihre Skigebiete in kommenden Jahren schneefrei werden? Und zu pönalisieren dafür, dass sie einen hohen Motorisierungsgrad hat? Und wie verrechnet man die Tatsache, dass die Erträge der Weinbauern im oberen Rhonetal von Wallis wegen der wärmeren Herbstwetter vermutlich zunehmen werden? Das zugegeben abstruse Beispiel soll nur zeigen, dass die Ansprüche und Schulden nicht so einfach zuzuordnen sein werden ...

Eine Aufrechnung der Nachteile und der potenziellen Vorteile der Klimaänderung nach Schuld und unverdientem Vorteil führt in eine Sackgasse. Die Natur begünstigt ohnehin unterschiedliche Regionen durch unterschiedliche Ressourcenreichtümer. Es sind die Launen der geologischen und klimatischen Entwicklung, die dazu geführt haben, dass es in einigen Gebieten Erdölvorkommen gibt und in anderen nicht; dass man in einigen Gebieten Eisenerze abbauen kann, in anderen nicht; in einigen ein mildes Klima herrscht und in anderen tropische Hitze oder sibirischer Frost. Und in einigen Ländern gibt es heute hochentwickelte Technologie und Humanressourcen, in anderen dann eher landschaftliche und touristische Anziehungspunkte. Einige Staaten haben ein freiheitliches wirtschaftliches und politisches System, das zu einem ansehnlichen Auskommen der breiten Bevölkerung führt, andere eine korrupte politische oder religiöse Tyrannei, welche die erwünschte wirtschaftliche Entwicklung verhindert hat.

Es ist unbestreitbar, dass ein globales Problem nur global bereinigt werden kann. Eine Gerechtigkeit zu definieren, ist jedoch so gut wie ausgeschlossen. Alle werden beitragen müssen. Das Moralisieren nützt nichts. Es geht nicht an, auf China mit dem Finger zu zeigen und zu sagen: »Die sollen anfangen und zahlen, die zerstören die Atmosphäre am meisten«. Genauso wenig kann man die USA einer historischen Schuld bezichtigen, oder Deutschland vorwerfen, dass es bezüglich des CO_2-Ausstoßes pro Kopf gerechnet zur Weltspitze gehört. Trotzdem, Länder mit großer wirtschaftlicher Kraft werden den wirtschaftlich Schwachen finanziell und technologisch helfen müssen. Einmal mehr: Nicht, weil sie eine historische Schuld trügen, sondern weil sie es können und im eigenen Interesse tun sollten – die Schwellenländer würden ohne ihre Hilfe den billigen Weg der *fossilen* Industrialisierung nachholen (müssen) und die globale Atmosphäre noch mehr belasten. Und umgekehrt, man kann den Entwicklungsländern zwar zum Vorwurf machen, dass sie mit den Geldern der Entwicklungshilfe regelmäßig zu wenig anfangen, dass vieles in Renommierprojekten und dunklen Korruptionskanälen verschwindet, statt in die Bildung und die lokale Industrie zu fließen. Deshalb aber die Entwicklungs- und Klimahilfe zu drosseln, geht auch nicht.

Moralisierende Politik ist fehl am Platz, wenn harte wirtschaftliche und technologische Probleme zu bereinigen sind. Eingangs dieses Essays habe ich bemängelt, dass der Westen eine ›Strategie der Demut‹ betreibt, mit Unterschätzung des eigenen Beitrags zur positiven Entwicklung der Welt und Überbetonung der dabei resultierenden Kollateralschäden. Diese Strategie wird nicht nur gegenüber Kritikern im Inland verfolgt, sondern auch im Verkehr zwischen den Staaten unterschiedlicher ökonomischer Entwicklungsstufen. Dabei sollten entwickelte Industrienationen den Schwellenländern von Gleich zu Gleich begegnen, ohne Schuldgefühle der früheren Kolonialmächte – denn auch die weniger entwickelten Länder müssen zu klimabewusstem Handeln angehalten werden.

Diese Einstellung vertritt auch Toni Stadler, ein international erfahrener Schweizer Fachmann auf dem Gebiet der Entwicklungshilfe und im *Environmental Policy Committee* der OECD tätig. Stadler hat im Zusammenhang mit der COP27, der UN-Klimakonferenz in Sharm al-Sheikh (Ägypten) vom November 2022, angeregt, dass zur Etablierung griffiger Maßnahmen ein exekutives Organ etabliert wird, eine Art echter »Weltklimarat«, zusätzlich zu den COP-

Veranstaltungen, die zu weitgehend unfruchtbaren Diskussionsforen mit einigen Zehntausend Teilnehmern mit primär propagandistischer Funktion degeneriert sind (ich komme auf diesen Punkt noch im Fazit am Ende des Essays zurück). Auch von den Entwicklungsländern, die zur CO_2-intensiven Werkstatt der industrialisierten Welt geworden sind, ist ein »möglichst fossilfreies Produzieren zu verlangen, selbst um den Preis teurerer Konsumgüter« für uns.[97]

* * *

Eine ›moralische‹ Verantwortung der hochindustrialisierten Länder besteht woanders, auf dem Gebiet der in ihnen herrschenden Umweltgesinnung. Wir konnten sehen, dass unsere westliche Gesellschaft bereit ist, alle unliebsamen Entwicklungen ihrem vermeintlichen moralischen Versagen anzulasten. Man sucht den Fehler nicht in der verfehlten Technologie, sondern im falschen Lebensstil, in einer dekadenten Konsumlust, in der Sünde unserer Hybris. Der wichtigste Träger dieser Selbstkasteiung ist die Umweltbewegung, die inzwischen Züge einer Religion angenommen hat, mit ›ewigen Wahrheiten‹ des schlechten Menschen und der guten Natur, der verfehlten gesellschaftlichen Systeme und mit einem Kanon der ›grünen‹ Technologien Sonne und Wind – die Kernenergie spielt in dieser Religion nicht die Rolle einer der technologischen Alternativen mit ihren Nach- und Vorteilen, sondern erleidet das Schicksal der ewigen Verdammnis. Ein rationales Gespräch wird verweigert, die Gesellschaft wird polarisiert, notwendige Lösungen bleiben auf der Strecke.

Ich denke hier an die Politik der grünen Umweltkreise, die bereit sind, ihr Anliegen der Reduktion des CO_2-Ausstoßes der ideologisch motivierten Bekämpfung der Kernenergie zu opfern. Weltweit beginnt sich die Einsicht durchzusetzen, dass sich die notwendige Dekarbonisierung der Energieversorgung mit den vo-

97 Stadler, Toni: *Klimapolitik auf Augenhöhe*, NZZ vom 26. Oktober 2022, S. 19.

latilen Quellen Photovoltaik und Windenergie *allein* nicht bewältigen lässt und dass eine jede geeignete Technologie genutzt werden muss. Dass auch die im Betrieb CO_2-freie Kernenergie weiter und vermehrt eingesetzt werden muss, wird von den grünen Kreisen nicht akzeptiert, lieber werden Erdgaskraftwerke gebaut oder die bereits stillgelegten Kohlekraftwerke reaktiviert, die CO_2 und Staub emittieren. Der ökologische Purismus,[98] die Mentalität der Beurteilung technologischer Alternativen unter ideologischen Aspekten ist gefährlich und nicht leicht zu bekämpfen. Sie geht Hand in Hand mit der Bereitschaft der Wohlstandsgesellschaft zu schlechtem Gewissen – auch die politischen Kreise, deren Ursprung nicht in der Ökologie liegt, üben sich oft im ›vorauseilenden Gehorsam‹ gegenüber dem selbstgerechten moralischen Vorsprung ihrer grünen Kollegen.

Man kann diese Zusammenhänge nicht genug thematisieren – der Mensch strebt nach Freiheit der Wahl, nach der Vermeidung des Unerwünschten, ergo nach Bequemlichkeit und möglichst müheloser Befriedigung seiner Wünsche, nach dem demokratisch abgesegneten *pursuit of happiness.* Wir sind Hedonisten und keine Asketen, die Prediger der Askese und Einschränkungen in der Gegenwart zugunsten hehrer Ziele der Zukunft sind nicht zu be-

98 Angesichts der Notwendigkeit, vom übermächtigen Nachbarn Russland energetisch unabhängig zu bleiben, sind Finnlands Grüne schon seit Jahren pronuklear. Das führte dazu, dass Finnland das erste Tiefenlager für hochradioaktive Abfälle hat, 2022 in Olkiluoto ein drittes, modernstes Kernkraftwerk gebaut hat usw. – übergeordnete Aspekte erzwingen Rationalität. Hoffentlich bleiben den energiepolitisch ›grünen‹ Ländern Deutschland, Schweiz und Österreich Energiekatastrophen erspart, die sie zum Wechsel ihres antinuklearen Kurses zwingen müssten. Es geht nämlich auch ohne Blackouts, durch Nachdenken. So hat der ehemals grüne Vordenker Ralf Fücks in Deutschland die Seiten gewechselt und plädiert für mehr Rationalität (Interview im *Spiegel* Nr. 8 vom 19. Februar 2022, S. 42: »Uns ist die Idee des Fortschritts abhandengekommen«). Und während ich diese Zeilen schreibe, hat sich die Umwelt-Ikone Greta Thunberg zu begrenzter Nutzung bestehender Kernkraftwerke durchgerungen.

neiden. Das bedeutet nicht, dass sich der Mensch nicht für etwas begeistern könnte und Entbehrungen auf sich nimmt, um sein Ziel zu erreichen, einen Schulabschluss etwa oder eine sportliche Leistung oder den Aufbau einer Sammlung. Das sind alles individuelle Ziele. *Individuell* ist der Mensch zu unvorstellbaren Leistungen fähig, um sein selbstgestelltes Ziel durch diszipliniertes Vorgehen zu erreichen – genauso wie es umgekehrt aussichtlos ist, einen Menschen, dem die Motivation dazu fehlt, zu solchen Leistungen anzuspornen.

Das *Kollektiv* ist aber wesentlich schwerer auf ein Ziel hin zu motivieren und zu begeistern, es sei denn, dass die Unzufriedenheit seiner Mitglieder mit dem bestehenden Zustand so groß ist, dass sie ihre individuelle Lethargie überwinden und in einer gemeinsamen Aktion mehr Erfolg sehen als in individuellen Anstrengungen. Die Motivation zum gemeinsamen Vorgehen gelingt vor allem, wenn eine unmittelbare Gefahr droht, wenn die Angst vor einer künftigen Katastrophe übermächtig wird. Oder dann unter subtilem Gruppenzwang und langfristiger Sozialisierung, oder in einer Massenhysterie und der ideologischen oder religiösen Verblendung. Selbstverständlich kann gemeinsames Vorgehen durch Gewalt erzwungen werden, durch materielle, körperliche oder eine suggestiv übersinnliche Gewalt. Weltliche Diktaturen müssen dabei ihre Macht durch Terror demonstrieren, den Religionen – so sie nicht zu Inquisition greifen – genügt es, die ewige Verderbnis anzudrohen. Die Phantasie der ›Schäfchen‹ malt sich die Qualen der Hölle selbst aus.

Bereits diese soziologischen Banalitäten zeigen, dass in unserem Fall – dem Zusammenhang zwischen einer für demokratischen Wohlstand benötigten hohen Energieversorgung und der politischen Moral – viele der angesprochenen Merkmale eine Rolle spielen. Der *not-in-my-backyard*-Effekt spielt bei der Standortwahl ortsgebundener Anlagen mit, bei Windfarmen, Feldern von PV-Paneelen, den Endlagern für nukleare Abfälle, den Kraftwerkanlagen. Die technologische Nähe der Kernenergie zu den Nuklearwaffen sorgte für apokalyptische Assoziationen. Dies und die frühen

Unfälle der neuen Technologie haben eine antinukleare Bewegung begünstigt, die sich mit der links-politischen Ablehnung von Großtechnologien verband und zwischen 1950 und 2020 drei Generationen in der Atmosphäre des »Atomenergie? Nein, danke!« sozialisierte. Die diagnostizierte technische Ignoranz der User macht es schwer, die technisch-physikalischen Probleme der diversen Energietechnologien der Allgemeinheit korrekt zu kommunizieren. Mit der Klimaerwärmung geht es um ein Langzeitproblem, dass sich nur langsam entwickelt und wo bereits *heute* Maßnahmen nötig sind, die erst 2050 ihre Auswirkungen zeigen werden. Die globalen Effekte und die global nötigen Maßnahmen nehmen keine Rücksicht auf die weltpolitische Agenda – Maßnahmen erst dann einzuleiten, wenn das Klima bereits gekippt ist, wäre zu spät.

Die Lösung der Klimakrise ist die Gretchenfrage der liberalen Demokratie. Die Lösungen liegen auf dem Gebiet der Technologie und nicht in einer Absage an unseren demokratisch legitimierten Wunsch nach Wohlstand. Das Klima leidet nicht, weil wir uns falsch verhalten und nach Wohlstand streben – sondern wegen falscher Technologien. Der wichtigste Beitrag der moralischen Aspekte der Lösung besteht in unserer Erkenntnis, dass ein noch so ethisches Vorgehen, dass die noch so richtige Gesinnung *allein* die notwendigen effizienten Technologien nicht zu ersetzen vermag. Wenn *wir* zu dieser Einsicht nicht gelangen, dann dürfen wir es auch von den Schwellenländern nicht erwarten. Sie werden dann auf uns mit Finger zeigen können und für die Zerstörung ihres Habitats mit Recht Reparationen verlangen.

Ein Fazit

Die Fragen, über die wir nachgedacht haben, liegen heute auf der Hand. Unser Wohlstand ist gefährdet – durch die Klimakrise, durch eine noch lange nicht überwundene Pandemie, durch die russische Invasion der Ukraine, durch den Zusammenbruch der globalen Lieferketten, durch die weltweite Wirtschafts- und Finanzkrise als Folge aller dieser Ereignisse. Und durch die anstehende Neuordnung der geostrategischen Weltlage sowie die innenpolitische Schwäche und politische und ethnische Polarisierung der USA. Und paradoxerweise dadurch, dass wir angefangen haben, uns des herrschenden Angebots an den Annehmlichkeiten des Lebens zu schämen, dass wir mitten im bedrohten Wohlstand glauben, uns der Hybris gegen die Natur schuldig gemacht zu haben. Wir sehen nicht das überwiegend Positive, das die liberale Demokratie des Westens uns und der ganzen Welt gebracht hat. Wir stehen in einer ideologisch motivierten Kritik und akzeptieren bereitwillig jede Anschuldigung schwerer Sünden gegen die Umwelt, gegen das Klima und gegen die Moral. Anschuldigungen von Kräften, die unserer liberalen Gesellschaft ablehnend, ja feindlich gegenüber stehen. Vorwürfe von Kräften, deren Lösungsvorschläge kontraproduktiv sind und geeignet, die bereits ernste Lage weiter zu verschlechtern.

Eine Krise übersteht man, wenn man an seine Stärken glaubt – wenn man Hindernisse wegräumt, nach realistischen Lösungen sucht und diese in die Tat umsetzt. Stattdessen üben wir uns in Selbstanklage. Wo ist das Selbstbewusstsein eines seit über 200 Jahren erfolgreichen gesellschaftlichen Systems der liberalen Demokratie geblieben? Es geht nicht darum, ob wir auf unserem Weg alles richtig gemacht haben – das können und wollen wir nicht beanspruchen. Es geht darum, dass unsere Strategien, Ideale und Maximen richtig sind, dass wir aus eigener Kraft der Erneuerung fähig sind und auf eine lange Zeit des gesellschaftlichen wie wirtschaftlichen Fortschritts verweisen können. Keine der bisherigen Hochkulturen der Menschheit war fähig, das Projekt einer offenen Gesellschaft von freien Menschen zu realisieren und das Dilemma zwischen der individuellen Freiheit und der gesellschaftlichen Gleichheit durch ihre Produktivität so weit zu entschärfen, wie unsere liberale Demokratie. Aber es bleibt ein Projekt, an dessen weiteren Vervollkommnung wir heute und morgen arbeiten müssen.

Ich versuchte, die kausalen Zusammenhänge der Grundlagen unserer Gesellschaft von verschiedenen Seiten aus zu beleuchten, die Ursachenkette Technologie → Energie → Wohlstand → Demokratie. Und die geschichtliche Dynamik dieser Kette, den Fortschrittsglauben unserer Spezies, der stets präsente Imperativ: »Das Bessere ist der Feind des Guten«, den ich als Motto des Hedonismus apostrophierte. Am Ende schließt sich die Kette und wird zum Kreis, weil nur die liberale Demokratie und der freie Markt die Kraft haben, den notwendigen technologischen Fortschritt zu gewährleisten.

Die Wurzeln dieser Entwicklung reichen weit zurück. Wir konnten uns die Geschichte unserer Spezies vergegenwärtigen, angefangen mit dem folgenschweren Entscheid unserer Urahnen zum ›Out of Africa‹ vor ungefähr 150 000 Jahren auf der Suche nach besseren Lebensbedingungen über die hunderttausend Jahre der langsamen Entwicklung der kleinformatigen Gemeinschaften der Jäger und Sammler und der primitiven Technologien der Vorgeschichte, über die Jahrtausende der grausamen Tyranneien der ersten Hochkulturen, über die abendländische Aufklärung und die Geburt einer wissenschaftlichen Weltsicht bis zu den heutigen industriell-technologischen Wohlstandsdemokratien. Alle diese Entwicklungsepochen folgen einem gemeinsamen Trend – dem Streben nach der Steigerung des Wohlbefindens[99] der Gattung Homo

99 Ich bin mir dessen bewusst, dass meine grobe Schilderung der gesellschaftlichen und technologischen Entwicklung nach einer Apotheose des Fortschritts klingt. Was ich versuche anzusprechen, ist aber nicht die

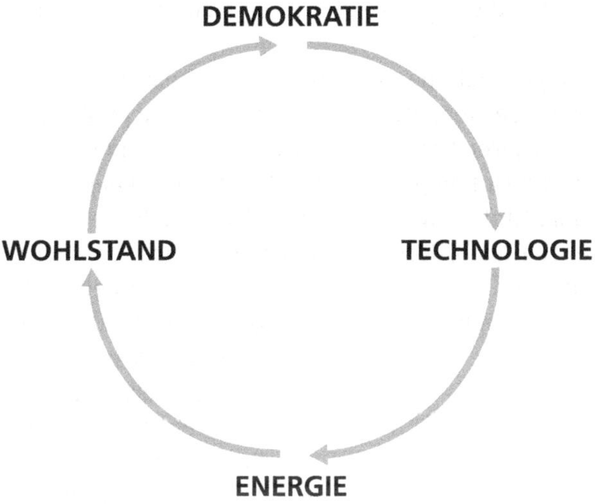

Abb. 1: Der Ursachenkreis unserer Gesellschaft (eigene Darstellung).

und später der Art Homo sapiens. Der Mensch hat sich auf seinem Weg durch Rückschläge und Perioden der Stagnation nicht entmutigen lassen, die Zerstörung des bereits Erreichten durch Kriege und Katastrophen wurde durch Wiederaufbau überwunden, Sackgassen der Entwicklung wurden verlassen. Wir sind eine hedonistische Spezies, der Suche nach Glücklichsein verpflichtet. Hat uns unsere afrikanische Urmutter Eva einen ›Hedonismus-Gen‹ ver-

Idee irgendeines ›historisch automatisch folgenden‹ starren Fortschritts, sondern die Tatsache eines sozialen Impetus, der die Entwicklungsrichtung auf ein gesellschaftlich akzeptiertes Ziel hin steuert – wobei sich dieses Ziel im Verlauf der Zeit durchaus ändern kann. Gestern war die überbordende Massenmotorisierung ein ›Fortschritt‹, heute gilt als ›Fortschritt‹ die Umwandlung von Stadtzentren in verkehrslose Flaniermeilen. Vielleicht sollte man vom ›dynamischen‹ Fortschritt sprechen. Eine ausführliche Diskussion der Fortschrittsidee unter gesellschaftlichen wie technologischen Aspekten findet sich z. B. bei Pinker, Steven: *Aufklärung jetzt*. Frankfurt a. M. 2018 (Orig. engl. *Enlightenment now*. New York 2018).

erbt? Oder hat die ›Epigenetik der erreichten Lebensqualität‹ mitgespielt?

Heute zeigen sich die Probleme des demokratischen Wohlstands. Die Belastung des Planeten durch die Inanspruchnahme seiner Ressourcen zu unserer *Versorgung* mit Rohstoffen und Nahrungsmitteln und durch die Nutzung der Umwelt zur *Entsorgung* unserer Abfälle erreicht quantitative wie qualitative Grenzen. Wie wird der Mensch auf diese Herausforderung antworten? Wird er suchen, seinen Wohlstand durch einen *technologischen* Paradigmenwechsel zu erhalten und womöglich weiter zu steigern, wird er also seinem Hedonismus treu bleiben? Oder wird er befinden, dass ein Paradigmenwechsel seines *Verhaltens* nötig ist, zur Umkehr seines bisherigen Strebens nach Wohlbefinden, zur gewollten Askese hin, zu einem zumindest teilweisen Verzicht auf die Mühelosigkeit seiner Wohlstandszivilisation? Es gibt ernstzunehmende gesellschaftliche Strömungen, die glauben, ohne massive Änderungen unseres Verhaltens drohe uns eine Umweltkatastrophe. Und in großen Teilen der Gesellschaft herrscht ein gefährlicher Trend zum schlechten Gewissen vor, das die Hedonisten bisweilen zu befallen pflegt.

Ich bin überzeugt, dass dieser Trend nachlässt, wenn man sich der Folgen der ›asketischen‹ Variante bewusst wird. Spätestens dann, wenn die Folgen schmerzhaft spürbar werden. Wenn man realisiert, dass die asketische Variante ohne Abstriche an demokratischen Freiheiten nicht realisierbar ist. Die historische Erfahrung, ja die Rückbesinnung auf die Ursprünge des Menschen als Spezies sprechen eine klare Sprache. Der Gesellschaft wird der Aufbau einer neuen, technisch-wissenschaftlichen Zivilisation nicht erspart bleiben, diesmal im Einklang mit der Umwelt und ihren Versorgungs- wie Entsorgungskapazitäten. Die Schlüsselfrage ist dabei die störungs- und unterbrechungsfreie Befriedigung des Energiebedarfs, der aus naturwissenschaftlichen Gründen über den heutigen Zustand hinaus noch stark zunehmen wird, wenn wir auf die von der Natur in geologischen Zeiträumen großzügig angelegten fossilen ›Energiekonserven‹ Kohle, Erdöl und Erdgas verzichten werden. Von denen wir bis heute prächtig gelebt haben …

Diese Aufgabe – die Neuerfindung der Zivilisation in einer umweltgerechten, dekarbonisierten Variante – ist begreiflicherweise komplex und herausfordernd. Ihre Lösung ist aber unumgänglich. Und durchaus realistisch, sobald man realisiert, dass der Schlüssel dazu im Aufbau einer nicht volatilen, grundlastfähigen Elektrizitätsversorgung liegt. Wir dürfen uns nur nicht durch die Größe der Aufgabe und die kurze Frist zu ihrer Bewältigung abschrecken lassen – die Frist ist ohnehin selbstgestellt und wird flexibel gehandhabt werden müssen. Von unserem Verhalten wird es abhängen, ob wir schneller oder erst später zum Ziel kommen und wie groß die Schäden schließlich sein werden.

* * *

Will man komplexe Aufgaben bewältigen, so muss man eine richtige Strategie befolgen. Eine richtige Strategie setzt voraus, dass eine genaue Vorstellung vom Ziel vorliegt und der Weg dorthin klar ist. Das Vorgehen ist von den Zuständen abhängig, die man am Weg zum Ziel anzutreffen erhofft oder befürchtet. Man ist folglich auf zutreffende Vorhersagen der Zukunft angewiesen. Diese ist unbekannt – und kluge Prognostiker pflegen sich beim Blick in ihre Glaskugel vorsorglich abzusichern, indem sie bei ihren Zukunftsszenarien den Vorbehalt einer *›überraschungsfreien Zukunft‹* machen. Stehen wir vor einer ›überraschungsfreien Zukunft‹?

Die Zukunftsforschung arbeitet gerne mit Szenarien. Man kann dabei vorherrschende Trends in die Zukunft extrapolieren, Megatrends identifizieren und ihre Auswirkungen abschätzen, mit Skaleneffekten rechnen, mit Lernkurven argumentieren, Leitindizes heranziehen und Vorlaufindikatoren berücksichtigen ... und was es sonst noch an Werkzeugen in der Tool Box der Prognostiker gibt. Die frühen 20er Jahre des 21. Jahrhunderts werden in die Geschichte als eine Periode der großen Unsicherheit eingehen, mit allzu vielen unerwarteten Entwicklungen – Szenarien zu schreiben war nicht leicht. Zur Herausforderung der bereits seit Jahren akuten Klimakrise gesellte sich die unerwartete Corona-Pandemie und die in ihrer Brutalität nicht absehbare Invasion der Ukraine durch Russland. Alle drei Entwicklungen haben einen ausgeprägt globalen Charakter, alle drei werden weltweite ökonomische, monetäre und geopolitische Auswirkungen mit einem hohen Überraschungs- respektive Unsicherheitspotential zur Folge haben. Die übliche Tool Box der Prognostik wird nicht ausreichen.

Die Klimakrise hat noch den Vorteil, dass ihre Szenarien auf einigermaßen belastbaren naturwissenschaftlichen Kausalitäten beruhen, dass man die Zunahme der mittleren Temperatur der Erdoberfläche aufgrund der vorherrschenden Konzentration der Treibhausgase in der Atmosphäre berechnen kann, dass die Zunahme dieser Konzentration dem Verbrauch der fossilen Energiequellen[100] kausal folgt und dass die – leider langsame – Regeneration der Atmosphäre durch Modelle der globalen Kreisläufe berücksichtigt werden kann. Die detaillierten Szenarien des IPCC[101] für die zu erwartenden Auswirkungen auf unsere Zivilisation beruhen auf Annahmen über die Reaktion der Gesellschaft auf diese Szenarien, sie enthalten somit bedingte Aussagen der Art: »Wenn die Welt *diese Maßnahmen* trifft, dann wird die Atmosphäre *so-und-so* reagieren«.

100 Damit der bereits lange Satz nicht ganz ausufert, verzichte ich hier bewusst darauf, die übrigen Quellen des Treibhauseffektes aufzuzählen, wie Methan aus der Viehhaltung oder aus dem Auftauen der Permafrostböden etc. etc. Diese gehen selbstverständlich in die Modellierung der Szenarien ein.

101 Der Intergovernmental Panel on Climate Change (IPCC), deutsch oft als Weltklimarat bezeichnet, »wurde 1988 vom Umweltprogramm der Vereinten Nationen (UNEP) und der Weltorganisation für Meteorologie (WMO) als zwischenstaatliche Institution ins Leben gerufen, um für politische Entscheidungsträger den Stand der wissenschaftlichen Forschung zum Klimawandel zusammenzufassen mit dem Ziel, Grundlagen für wissenschaftsbasierte Entscheidungen zu bieten, *ohne dabei Handlungsempfehlungen zu geben*« (Hervorhebung E. K., *Intergovernmental Panel on Climate Change*. Wikipedia – https://de.wikipedia.org/wiki/Intergovernmental_Panel_on_Climate_Change, abgerufen am 13.12.2022).

Hinter dem Wörtchen ›wenn‹ verbirgt sich dann ein Universum gesellschaftlicher, volkswirtschaftlicher, ideologischer, geo- und machtpolitischer Faktoren, ungelöster Kommunikationsprobleme, unklarer Risikoperzeption und singulärer Interessen, so dass die Situation trotz vorliegender Einsicht der Gesellschaft in die Notwendigkeit des Handelns besorgniserregend unübersichtlich bleibt.

Dazu beeinflussen die beiden anderen Megafaktoren, die noch nicht überwundene Corona-Pandemie und die Ukrainekrise, auch die Behandlung der Klimaprobleme – einerseits direkt, durch die kriegsbedingte Unterbrechung von globalen Handelsströmen der Energieträger und der Lieferketten sonstiger Ressourcen, anderseits indirekt, durch die generelle Schwächung der Weltwirtschaft. Und das ausgerechnet in dem Augenblick, in dem an deren Leistungsfähigkeit zur Bewältigung der Klimakrise besonders hohe Anforderungen gestellt werden. Die zu lösende Aufgabe ist bereits ohne diese Erschwernis sehr anspruchsvoll, es geht wie bereits gesagt um nichts weniger als um die ›Neuerfindung der technischen Zivilisation‹, mit der heutigen sozioökonomischen globalen Leistungsfähigkeit, jedoch unter totalem Verzicht auf fossile Energien. Die alte Zivilisation benötigte zu ihrem Aufbau mehr als 200 Jahre, wir sollten die neue nach IPCC binnen knapp 30 Jahren aufstellen. Auch wenn wir dafür über wesentlich bessere technisch-wissenschaftliche Voraussetzungen verfügen als unsere Ahnen im 19. und 20. Jahrhundert, ist das Ziel äußerst ambitioniert. Die Aufgabe erlaubt keine Halbheiten. Wenn wir Erschütterungen des gesellschaftlichen Systems unserer liberalen Demokratie vermeiden wollen, das vom breiten Wohlstand existentiell abhängig ist, so müssen wir die Aufgabe sehr vorsichtig und gleichzeitig sehr entschieden angehen.

Die Szenarien des IPCC sind gute Unterlagen, um erwartete Entwicklungen zu antizipieren, sie spiegeln aber eine fast lineare Zukunftsgläubigkeit wider. Man glaubt, quantitativ beurteilen zu können, welche Abhilfemaßnahmen in welchem Zeitraum nötig sind, um bestimmte Zwischenziele der Reduktion des CO_2-Ausstoßes zu erreichen. Die Politik wird verleitet, sich in Planspielen der Zwischenzielsetzung zu verlieren, man veranstaltet epische Parlamentsdebatten darüber, ob ein nationaler Ausstieg aus der Kohle bis 2030 oder 2035 möglich und notwendig ist, ob man mit dem Ausstieg aus Erdgas noch zuwarten kann, weil man auf diese Variante als Brückentechnologie setzen muss, usw. Modelle der Lenkung der nationalen Ökonomien durch Bepreisung der CO_2-Emissionen werden aufgestellt, ohne dass die für eine Reduktion der Emissionen nötigen Technologien ausgereift und sozial akzeptiert sind, man setzt einen schwunghaften Handel mit Emissionszertifikaten in Gang, ohne dass dahinter wirklich belastbare Modelle existieren und die Zertifikate die Verlagerung der zu lösenden Probleme in Länder mit leichteren Lösungsvoraussetzungen wirklich garantieren. Die ohnehin schwierige internationale Abstimmung des Vorgehens ist durch die Ukrainekrise und die anstehende geopolitische Neuordnung der Welt zusätzlich erschwert, wenn nicht verunmöglicht worden.

Die Politik hat begonnen, Meilensteine zu einer terminlichen Quantifizierung von Reduktionsschritten anhand von Szenarien einer überraschungsfreien Zukunft festzulegen, bevor sie sich Gedanken[102] darüber gemacht hat, wie zuverlässig die Annahmen sind, wie unabhängig von unerwarteten Entwicklungen die Prognosen und wie resilient die Gesellschaft – national wie global – auf seltene, aber nie auszuschließende Überraschungen von ›schwarzen Schwänen‹[103] reagiert. Würde ein Start-up CEO mit einem so vulnerablen Business-Plan zu einer Bank kommen mit der Bitte um ein paar Millionen Risikokapital, so würde man ihn auslachen – den Regierungen lassen die Steuerzahler Planspiele mit Trillionen von

102 Auch demokratische Regierungen machen das, was sie gut beherrschen und was sie von autokratischen Regimen geerbt haben – Ziele setzen und Mittel verweigern. Reflektion über die Machbarkeit ist selten vorhanden, nicht nur mangels Kompetenz.

103 Taleb, Nassim Nicholas: *Der Schwarze Schwan. Die Macht höchst unwahrscheinlicher Ereignisse*. München 2008 (Orig. engl. *The Black Swan*. New York 2007).

Euro oder Dollar durch, für Vorgehenspläne, die das fragwürdige Resultat sind von unter Zeitdruck in irgendwelchen Nachtsitzungen politisch ausgehandelten Koalitionsvereinbarungen.

* * *

Ich war bemüht, das Thema stets innerhalb des Dreiecks Demokratie, Wohlstand und Energie zu betrachten:

1. *Demokratie* als ein gesellschaftliches System mit dem Recht des Volkes auf das Streben nach Wohlbefinden, das sprichwörtliche *pursuit of happiness* der amerikanischen Unabhängigkeitserklärung, der ersten Urkunde der liberalen Demokratie. Der Inhalt des Begriffs ›Wohlbefinden‹ ist dabei offen, er ändert sich durch die Entwicklung gesellschaftlicher Präferenzen und bedeutet in historischer Erfahrung Fortschritt, Wachstum, qualitative und/oder quantitative Besserung – die hedonistische Grundstimmung der Gesellschaft gehört zur Demokratie.

Wichtig ist zu realisieren, dass die liberale Demokratie ein fragiles System darstellt, das am Dilemma der unlösbaren Spannung zwischen Freiheit und Gleichheit leidet. Bisher ist es gelungen, diese Spannung durch materiellen Fortschritt zu meistern, welcher trotz unvermeidlicher Ungleichheiten unter den Menschen den Lebensstandard auch der unteren Einkommensschichten wachsen lässt. Die Demokratie verdankt ihre Stabilität der *Bejahung* des Hedonismus ihrer Bevölkerung.[104]

2. *Wohlstand* als Zustand, in dem die Gesellschaft fähig ist, ihre Vorstellungen vom Wohlsein optimal zu befriedigen, unter Beachtung eines dynamischen Ausgleichs zwischen der individuel-

104 Sarkastisch könnte man sagen, dass eine demokratische Regierung das Volk durch die optimale Erfüllung seiner Wünsche korrumpiert und ruhig hält.

len Freiheit und der Gleichheit ihrer Mitglieder. Wie gesagt, Demokratie ›erkauft‹ ihre Stabilität durch Wohlstand – sowohl ungerecht empfundene, wachsende Wohlstandsunterschiede als auch Wohlstandsverluste der Gesellschaft als Ganzer führen zu sozialen Unruhen.

3. *Energie* als die unerlässliche Basis der materiellen Seite des Wohlstands, somit unabdingbar für das Wohlbefinden und den sozialen Frieden der modernen individualistischen Gesellschaft.

Als Gegenspieler der Zivilisation steht die Natur als Quelle der von der Gesellschaft benötigten Ressourcen und als Senke für ihre Abfälle – nebst ihrer ideell-ästhetischen, erbaulichen Seite. Sie setzt der gesellschaftlichen Entwicklung Grenzen. Der Mensch versucht, diese Grenzen durch Wissenschaft und Technologie auszuloten und zu erweitern, bisher sehr erfolgreich, aber oft mit unerwünschten Nebenwirkungen. Die Klimakrise ist eine davon, eine gravierende. Die Dekarbonisierung der Energieversorgung ist der kategorische Imperativ der Gegenwart einer Gesellschaft, die zivilisiert und im Genuss ausreichender natürlicher Erholungs- und Erbauungsräume bleiben will. Die Strategien des Vorgehens müssen auch diese Anliegen berücksichtigen.

Die Ziele sind unbestritten – auch wenn es ernstzunehmende Zweifel gibt, ob die IPCC-Szenarien der Klimaentwicklung zutreffen. Selbst wenn sie sich als stark übertrieben erweisen sollten, ist die Welt gut beraten, die Szenarien als zutreffend zu betrachten – das Vorsorgeprinzip rät dazu. Es ist besser, auf der sicheren Seite zu liegen und lieber etwas mehr des Guten zu tun, als die Einleitung der notwendigen Maßnahmen in Verkennung der Anzeichen einer Krise zu versäumen.

* * *

Das ist eine sehr kurze, aber durchaus zutreffende Charakterisierung unserer Lage. Die Lösung der Klimakrise wird über den Weiterbestand unserer Zivilisation in der uns gewöhnten Form entscheiden. Dass der Mensch seinen hedonistischen Neigungen abschwört und durch drastische Verhaltensänderungen zwecks Rettung des Klimas freiwillig zu vorindustriellen Mangelzuständen regrediert, das erachte ich als ausgeschlossen. Die Dekarbonisierung ist folglich eine Aufgabe der Nutzung geeigneter Technologien, einer paradigmatisch großen Technologiewende.

Der Verzicht auf das ›Ernten‹ der billigen fossilen Energievorräte, welche die Natur in prähistorischen Zeiträumen großzügig angelegt hat und die wir heute sozusagen zum Abholpreis nutzen können, ein solcher Verzicht wird zusätzlichen Aufwand und somit ein Mehr an Gewinnungsenergie erfordern – wir können es quantitativ rechnen, sehen aber bereits qualitativ, dass diese Aussage zutrifft. Genauso, wie wir die Stabilität der liberalen Demokratie dem zumindest gefühlt wachsenden Wohlstand verdanken, werden wir eine wahre ›Energieschwemme‹ herbeiführen müssen, um die Umstellung auf nichtfossile Quellen bei steigendem Bedarf zu bewältigen. Denn signifikante Abstriche am Wohlstand können wir uns im Interesse der gesellschaftlichen Stabilität nicht leisten.

Das Ziel ist bekannt und wurde in den Beschlüssen der zahlreichen Umweltkonferenzen zu den IPCC-Berichten quantitativ formuliert – die internationale Staatengemeinschaft hat sich verpflichtet, den Temperaturanstieg bis 2050 bei 2,0 °C zu begrenzen. Dieses Ziel wurde später auf +1,5 °C verschärft. Betrachten wir nun das Vorgehen der Entscheidungsträger der westlichen Demokratien, so fällt auf, dass sie die anstehenden Probleme der Zielerreichung kennen und dass ein jedes Land nach einem taktischen Kompromiss sucht, um die auseinander strebenden Vorstellungen der Wählerschaft, der engagierten Umweltkreise, der ideologischen Aktivisten, der Wirtschaft, der pragmatischen Technologen und der besorgten Finanzministerien zu befriedigen. Es überrascht bei dieser Ausgangslage nicht, dass stets Kompromisse des kleinsten gemeinsamen Nenners resultieren. Die Regierungen reizen die technisch-wirtschaftlichen Fantasien ihrer meist ideologiehörigen Berater weit aus, damit sie den Forderungen der Umweltaktivisten und dem IPCC-Ziel nachkommen. Als Ergebnis entstehen sträflich optimistische Vorgehenspläne, die unter ehrgeizigen Annahmen einer geschönten ›überraschungsfreien Zukunft‹ das gewünschte Resultat gerade noch ergeben. Das beschlossene Vorgehen ist nicht robust; nicht resilient. Die Pläne mögen auch unter den günstigsten Bedingungen nur knapp aufgehen und bereits kleine Schwankungen des Wettertrends, der Leistungsfähigkeit der Industrie oder neue politische (oder gar militärische) Probleme reichen aus, um die schön austarierten Kompromisse von Nachtsitzungen der Regierungskoalitionen über den Haufen zu werfen. Die proklamierten Zwischenziele sind jedenfalls auch in der bisher noch einigermaßen überraschungsfreien Vergangenheit nicht erreicht worden. Das Tempo der Dekarbonisierung liegt deutlich unter den Zielvorgaben.

Jetzt treten wir in die Phase einer äußersten Unsicherheit. Die politische Lage ist für Jahre angespannt, das Szenarium einer Fortsetzung der bisherigen wirtschaftlichen Prosperität erscheint überholt, man spricht von Rezession, von kommender Wirtschaftskrise, von politischen Wirren bis zum Atomkrieg, die internationalen Ströme der Energieversorgung sind in totaler Umstellung. Detailfragen verlieren an Bedeutung, der Schutz der Demokratie bekommt höchste Priorität, die Fragen der Versorgungssicherheit sind höher zu werten als puristisches Beharren auf ideologischen Steckenpferden der Energiegewinnung. Das Abschalten bestehender Anlagen in der Hoffnung auf einen späteren Ersatz durch umweltfreundlichere wird in einer solchen Lage zum verantwortungslos verbrecherischen Vabanquespiel.

* * *

Unsere kurze Situationsanalyse erlaubt einige naheliegende Überlegungen. Die wichtigste Konsequenz der heute herrschenden Unsicherheit ist, dass die langfristigen Ziele der Pariser Konvention von 2015 mit hoher Wahrscheinlichkeit nicht erreicht werden. Auch in den raren Inseln der gesellschaftlichen und wirtschaftlichen Stabilität, die von der allgemeinen Entwicklung verschont bleiben mögen, wird das Weltklima weiterhin dem bestehenden globalen Trend folgen, mit absehbaren gefährlichen Folgen für die Wetterextreme.

Die einzige strategisch erfolgversprechende Maßnahme eines jeden souveränen Landes dürfte in einer solchen Situation darin bestehen, den Folgen der erwarteten Klimaänderung in eigener Kompetenz zu begegnen – durch Vorsorge, durch bauliche Maßnahmen, durch den Aufbau von Ressourcen-Reserven, in Extremfällen durch Aufgabe von gefährdeten Siedlungsgebieten und Umsiedlung der dort ansässigen Bevölkerung.

Die Anpassung an die steigenden Temperaturen und die zunehmende Instabilität der wetterbestimmenden Atmosphäre ist das Gebot der Stunde. Zumindest die Planung solcher Maßnahmen muss in der gegenwärtigen Situation Priorität bekommen. Denn nur so kann man für die effektiv notwendigen Maßnahmen der Dekarbonisierung der Wirtschaft Zeit gewinnen und den wichtigen Aspekt der Erhaltung der demokratischen Stabilität in der Klimakrise berücksichtigen:

Von gleicher Bedeutung wie die Vorsorge – wenn nicht wichtiger – ist die Vermeidung politischer Erschütterungen der liberal demokratischen Ordnung.

War die Aufgabe der Dekarbonisierung unserer Zivilisation schon in der relativ ruhigen Phase ›vor Corona und Ukraine‹ sehr herausfordernd, vor allem weil sie mit den untauglichen Mitteln der volatilen Energien Sonne und Wind allein angegangen wurde, so sind die Ansprüche an eine strategisch richtige Ausrichtung der nationalen wie internationalen Politik heute stark gewachsen. Maßnahmen, die zu übermäßigem Abbau des Gemeinwohls führen müssten, sind zu vermeiden – sie würden zu sozialer Unrast führen und unsere demokratische Ordnung massiv und nachhaltig gefährden.

Diese Maxime ist für liberal-demokratische Gemeinschaften von größter Bedeutung, weil die herrschende Krise nicht nur durch reelle technische, wirtschaftliche und ökologische Probleme verursacht wird, sondern die Züge eines ideologisch-religiösen Konflikts trägt:

Auf der einen Seite steht das Anliegen der Wahrung des liberal-demokratischen Menschenrechts auf das individuelle Streben nach Glück und Wohlbefinden durch rational-wissenschaftliche Mittel der Technologie und Wirtschaft,
auf der anderen Seite haben wir eine ideologieträchtige Denkweise, welche die herrschenden Probleme der Gegenwart dem bestehenden Wirtschaftssystem des sozial eingehegten Kapitalismus anlastet, ihre Lösung im Ideal des Menschen als Beschützer einer romantisch überhöhten Natur und Tierwelt sucht, und zur Erreichung dieser Ziele tendenziell zu dirigistischen Maßnahmen und einer obrigkeitlichen Vorgabe des zulässigen Glücks und Wohlbefindens bereit ist.

Es ist ein genuiner *clash of cultures*, und solche sind kaum durch symmetrische Kompromisse zu lösen – auch wenn sich die Seiten annähern, bleibt stets eine der beiden führend. Ich versuchte in diesem Essay den Gründen nachzugehen, warum wir dabei der Erhaltung der liberalen Demokratie Vorrang geben müssen. Die manifesten Kulturunterschiede sind der Grund, warum es bisher zu keinen technologisch sinnvollen und damit auch strategisch wirksamen Kompromissen gekommen ist. Die langen Zeitkonstanten kultureller Änderungen sind ein weiterer Grund, warum der Anpassung an die erwarteten Klimaeffekte höchste Priorität zukommt – gleichrangig mit den Maßnahmen der Dekarbonisierung.

Auf der technologischen Seite geht es genaugenommen um die Änderung einer einzigen Festlegung in der heutigen grün dominierten Vorgehensstrategie:

Zur Lösung der Energieversorgung sind alle *Technologien* außer den fossilen *heranzuziehen - einschließlich der nuklearen Option. Massive Subventionen zugunsten ideologisch bevorzugter Optionen sind abzubauen. Der freie Markt entscheidet dann über den wirtschaftlich optimalen Energiemix.*

Ein weiterer Aspekt der Krise mit nationalem wie geopolitischem Charakter wird in den heutigen Strategieüberlegungen oft außer Betracht gelassen:

Wir müssen nicht nur eine Energieversorgung ohne fossile Quellen vollständig neu aufbauen, wir müssen gleichzeitig auch die fossile Infrastruktur der bestehenden Energieversorgung ohne soziale Unrast und politische Verwerfungen außer Betrieb nehmen.

Neben der massiven Innovation im stark wachsenden ›grünen Bereich‹ muss innerhalb von dreißig Jahren der Abbau der fossilen Energiekomponenten bewältigt werden. Der Effekt ist nicht neu, eine jede Innovation geht mit der Zerstörung der zum Teil liebgewonnenen alten Gewohnheiten und der obsoleten Infrastruktur Hand in Hand, das Alte muss dem Neuen weichen. Joseph A. Schumpeter hat dafür den Begriff der »kreativen Zerstörung« geprägt.[105] Die Umstellung auf das Neue erfolgt nicht immer problemlos, wie unsere dynamische, Änderungen, Innovationen und Modewechsel gewohnte Gesellschaft annehmen könnte. Die Frühindustrialisierung hatte ihre Maschinenstürmer, als anspruchsvolle Handarbeiten plötzlich durch Maschinen billiger und besser erledigt werden konnten. Heute haben wir Sorgen mit der notwendigen Stilllegung der Braunkohlereviere ...

105 Joseph A. Schumpeter, ein österreichisch-amerikanischer Ökonom, hat den Begriff ›kreative Zerstörung‹ in seinem Buch *Kapitalismus, Sozialismus und Demokratie* eingeführt (Stuttgart 2005. Orig. engl. *Capitalism, Socialism, and Democracy*. New York 1942).

Die schöpferische Zerstörung folgt nicht allein den technologischen Innovationen, auch Veränderungen der Märkte können zu sozialen Verwerfungen führen – ein bekanntes Beispiel ist der Niedergang der hochindustrialisierten Gegend südlich der Großen Seen im Nordosten der USA, die zum sogenannten Rust Belt verkommen ist, spöttisch benannt nach den rostenden Industrieruinen. Die Krise des ehemals florierenden Mekkas der Schwerindustrie (Stahl, Kohle, Automobile) kulminierte in den 1960er Jahren als Folge der Abwanderung der Schwerindustrie in Entwicklungsländer, wobei parallel auch die Arbeitsplätze im Bergbau verloren gingen. Die Region verlor gebietsweise bis zu 60 % der Bevölkerung, die hohe Arbeits- und Aussichtslosigkeit der Mittelschicht trug noch Jahre später zum Wahlsieg von Donald Trump 2016 bei und liegt der heute spürbaren tragischen Destabilisierung der politischen Landschaft der USA mit zugrunde.

Der Übergang zu karbonfreien Energietechnologien wird größere Auswirkungen haben, bei der kreativen Zerstörung geht es nicht nur um die Außerbetriebnahme von ein paar Kohleabbaugruben. Betroffen werden kapitalintensive Industriebranchen, große Landstriche, ja ganze Länder beispielsweise im Nahen und Mittleren Osten, die von fossilen Energien abhängig sind. Gefährliche zwischenstaatliche Konflikte sind vorprogrammiert, wenn das Problem nicht strategisch vorsichtig angegangen wird. Die Verquickung der Machtansprüche Russlands, der von der NATO unterstützten Westaffinität der Ukraine und der Erdgasabhängigkeit Deutschlands von russischen Lieferungen führte 2022 zu einer gar nicht ›schöpferischen‹ Außerbetriebsetzung der Nord Stream Pipeline und einem Embargo russischen Erdöls, und gab einen Vorgeschmack auf globale Verwerfungen, wenn Klimastrategien mit Energiefragen und geopolitischer Raison kollidieren. Zum bisherigen Kampf um Erdschätze wird der Kampf um die Modalitäten des Verzichts auf die Förderung fossiler Ressourcen kommen. Man sorgt sich eher um schwindende Reserven an Lithium oder seltenen Erden, die Auswirkungen des Niedergangs der Erdölindustrie werden kaum thematisiert oder in den Transformationsstrategien der Klimakrise berücksichtigt.

Themenwechsel – kehren wir zurück zum kausalen Zusammenhang zwischen der gesellschaftlich gerechten Verteilung des demokratischen Wohlstands und der ausreichenden Energieversorgung. Unter diesem Aspekt ist zu folgern:

Für die Bewältigung der gegenwärtigen multiplen Krise ausschlaggebend ist die rund um die Uhr gesicherte Versorgung mit Energie, insbesondere mit elektrischem Strom. Auf ideologisch unerwünschte Technologien der Basisversorgung darf nicht verzichtet werden. Versorgungsunterbrechungen volatiler Stromproduktion, Gefahren aufgrund extremer Wetterlagen, Störungen durch Cyber-Angriffe etc. ist durch Reservekapazitäten und sonstige nötige Maßnahmen zu begegnen.

Die aus dem bisherigen massiven Ausbau volatiler erneuerbaren Quellen resultierende verschlechterte Planbarkeit der Elektrizitätsversorgung, gepaart mit der Außerbetriebnahme der Kernkraft, führt bereits jetzt zu manifesten Problemen mit der Versorgungssicherheit. Dies und die Vulnerabilität der Netze gegenüber Cyber-Angriffen lässt die Sorge vor Blackouts aufkommen. Aber das in politischen Kreisen beliebte Vorbereiten der Bevölkerung ›auf harte Zeiten‹, auf ›unvermeidliche Lieferunterbrechungen‹ u. Ä. schadet, schon weil es die Ohnmacht und Inkompetenz der Regierungen offenbart. Die politischen Kreise und die Sozialpartner müssen kleinlich-taktische Differenzen im Interesse des Anliegens zurückstellen, um die Demokratie und den sozialen Frieden durch die Herausforderung der herrschenden Krise gut zu steuern.

Vor allem die politischen Akteure der liberal-demokratischen Richtung müssen ihre gegenwärtige defensive Strategie des demütigen Zuwartens aufgeben – die Zeit drängt und mutige technologische Entscheide von Langzeitrelevanz sind eminent wichtig. Das Nachbeten der verfehlten links-grünen Rezepte aus wahltaktischen Gründen ist falsch und kontraproduktiv.

Trotz der Dringlichkeit der Lösung kurzfristiger Probleme darf nicht vergessen werden, dass *heute* Entscheide nötig sind, damit wir zehn, fünfzehn Jahre später über die dann notwendige Energieversorgung verfügen können. Die Realisierung von Projekten, die gleichermaßen technisch wie akzeptanzmäßig anspruchsvoll sind, dauert auch in Krisenzeiten zehn und mehr Jahre.

Ein an sich bekannter Aspekt gerät heute, in der Zeit zunehmender geopolitischer Auseinandersetzungen schnell außer Sicht – der globale Charakter der Klimakrise. Nationale Anliegen der Klimapolitik sind nur auf dem Gebiet der *Vorsorge* gegen die Auswirkungen der klimabedingten Wetterextreme möglich, die Vermeidung der *Ursachen* der Klimakrise ist wegen der gemeinsamen Atmosphäre von uns allen nur durch eine international koordinierte Politik möglich. Es ist bisher mehrfach gelungen, auf begrenzten Interessengebieten zu internationaler Zusammenarbeit zwischen machtpolitischen Gegnern zu kommen, so in der Forschung, im Weltraum oder bei technischen Normen –

die Diplomatie ist herausgefordert, den gegenwärtigen unerbittlichen machtpolitischen Konfrontationskurs in gleicher Weise auch auf dem Gebiet der Klimakrise zu entschärfen. Bezüglich des Klimas sitzen wir doch alle im gleichen Boot.

Die Bemühungen des IPCC sind bezüglich der Protokollierung und der wissenschaftlichen Analyse der klimapolitischen ›Sünden‹ der Welt wichtig und gut gelöst, bezüglich einer verbindlichen Umsetzung der notwendigen Maßnahmen und ihrer internationalen Koordination fehlt jedoch eine belastbare organisatorische Infrastruktur – IPCC hat erklärtermaßen Grundlagen für wissenschaftsbasierte Entscheidungen zu bieten, ohne dabei schon *Handlungsempfehlungen* zu geben. Ein international abgestütztes, leistungsfähiges Gremium zur Erarbeitung einer Vorgehensstrategie fehlt schmerzhaft. Erfahrungsgemäß würde ein solches Gremium den Konsens und ein verbindliches Kooperationsformat zwischen den Hauptakteuren der

Energiepolitik, den drei untereinander zerstrittenen Mächten USA, China und Russland, erfordern, in zweiter Linie dann das Hinzuziehen von Indien und Großbritannien sowie Frankreich und Deutschland – nachdem die Europäische Union *de facto* kein *eigenes* weltpolitisches Gewicht darstellt. Vielleicht sollten wir lieber von einem Brückenschlag zwischen den G7-, den BRICS- und den OPEC-Staaten sprechen. Aber obwohl sich bei der Feststellung der notwendigen Kooperation der drei Supermächte heute nur um einen frommen Wunsch handeln kann, schon angesichts der ungelösten Ukrainefrage, wird eine solche Zusammenarbeit letztlich entscheidend sein. Und umgekehrt – ohne dass sich die drei Weltmächte auf realistische Klimaziele und einen Vorgehensplan mit ebenso realistischen, für die Umsetzung der Strategie benötigten Terminvorgaben einigen, mit Vorhaben, die wirtschaftlich, technologisch und industriell zu bewältigen sind – ohne einen solchen *Dreierpakt zur Erhaltung der Klimakomponente der Weltordnung* bleiben die IPCC-Szenarien nur intellektuell anspruchsvolle Exerzitien ohne Bezug zur Wirklichkeit. Die Lösung der Klimakrise liegt heute in den Händen einer pragmatisch handelnden Diplomatie – nicht bei den grün-linken Ideologen und ihrer Politik für die Straße.

* * *

Angesichts der Magnitude der Aufgabe – der Neuerfindung unserer gewohnten Zivilisation in einer umwelt- und klimagerechten Version – mahnte ich im Vorwort die notwendige Gelassenheit an. Eine so große Herausforderung wird durch einen blinden, ideologisch gefärbten Aktivismus nicht kleiner. Unsere Gesellschaft wird ihr gesamtes Wissen, alle ihre Kräfte aufbieten müssen, um die Wende zum Besseren zu schaffen. Und das wird seine Zeit brauchen.

Wir wussten von der Dringlichkeit der Dekarbonisierung der Energiegewinnung schon Mitte des letzten Jahrhunderts, haben aber statt der Lösung der technologischen Hausaufgaben der romantischen Anbetung der Natur Vorzug gegeben. Und als wir in den letzten Jahren begriffen haben, dass eine Energiewende nötig ist, haben wir auf die wichtigste und wirksamste – und *nota bene* inzwischen ausgereifte – Technologie verzichtet. Heute sehen immer mehr Menschen, immer mehr Regierungen, dass der Verzicht auf die nukleare Energiegewinnung zurückgenommen werden muss. Aber das Drehen am Steuerrad wird etwas Zeit benötigen. Staatsschiffe in voller Fahrt auf einen neuen Kurs zu bringen, erfordert viel Kraft, Geschick und Geduld. Kommen wir nicht zu spät? Die Frage ist selbstredend müßig, denn die verlorenen sechs Jahrzehnte können wir nicht zurückholen. Immerhin haben wir noch etwas Zeit, nach den Berechnungen der Wissenschaft rund 30 Jahre.

Können wir die Aufgabe in dieser Zeitspanne lösen? Wir müssen. Und dazu ist die angemahnte Gelassenheit und Beharrlichkeit nötig. Zunächst geht es darum, unsere gleichermaßen wirtschaftlich leistungsfähige wie technisch innovative Gesellschaftsordnung, die liberale Demokratie, unbeschadet und ohne schwerere Blessuren durch die drohende lange Krise zu bringen. Dazu wird es nötig sein, die benötigte Energie für die nächsten 5, 10 Jahre heute mit allen vorhandenen Technologien möglichst effizient sicherzustellen. Innerhalb dieser Zeitspanne müssen wir ein klares und realistisches Bild davon bekommen, auf welche Technologien wir in den 2030er Jahren und danach setzen müssen. Denn die Bewältigung einer so großen Infrastrukturaufgabe erfordert Zeit. Kraftwerke für die erforderliche Leistung, die wir heute beschließen, werden schon ihre 5, 10 Jahre Bauzeit benötigen. Und es sollen die *richtigen* Anlagen und Technologien sein, sie müssen zukunftstauglich sein – nicht das ›immer mehr vom Gleichen‹, das sich bisher nicht bewährt hat. Noch mehr Zeit dürfen wir nicht verlieren – alle Reserven sind aufgebraucht.

Immerhin gibt es Gründe für die nötige Gelassenheit. Die liberale Demokratie des *pursuit of hapiness* ist auf Wissenschaft und Technik und industrielle Leistungen angewiesen, und umgekehrt gedeiht die innovative Technologie bevorzugt dort, wo Freiheit der Forschung und Lehre herrscht. Die Wissenschaftler und die Ingenieurinnen haben die Herausforderung begriffen – es wird mit

Nachdruck an zukunftsträchtigen und umweltschonenden Technologien geforscht und entwickelt. Erhalten wir unsere freie demokratische Gesellschaft, so versprechen bereits die restlichen 2020er Jahre eine reiche Ernte[106] – und *das* ist der eigentliche Grund zur Gelassenheit. Denken wir 10, 20 Jahre zurück und erinnern uns, wie viel von dem, was heute allgemein gebräuchlich ist, damals noch nicht vorhanden war![107] Das Innovationspotential unserer Wissensgesellschaft ist enorm. Wir dürfen nur nicht vergessen, dass eine jede Innovation ein mehr an sauberer Energie benötigen wird – ein Perpetuum mobile gibt es nicht und das Gesetz der Entropiezunahme ohne Energiezufluss ist unbestechlich.

Der Ausbau der Energiebasis wird entscheiden, ob wir unseren Wohlstand und so auch unsere demokratische Ordnung erhalten können. Nicht ein paar Sparübungen.

106 Verfolgen Sie nur die Tagespresse, die sozialen Medien, populärwissenschaftliche Magazine und den Büchermarkt! Es vergeht kein Tag, an dem nicht von irgendeiner Innovation berichtet wird. Einige laufende Projekte hat Vince Ebert in *Lichtblick statt Blackout* (München 2022, S. 204 ff.) zusammengetragen.

107 Das heute mit zehn Milliarden Stück weltweit omnipräsente Smartphone ist erst im Jahre 2007 (sic!) vorgestellt worden!

Register